오늘의 에코 라이프

테사 워들리 Tessa Wardley

환경 전문가이자 모험가. 해양 및 담수 생물학을 전공하고,
영국 환경청의 글로벌 물 환경 컨설팅 부서에서 일했다.
현재 영국 환경부에서 근무하고 있다. 사람들이 야생과 모험,
건강을 위한 일에 더 적극적으로 참여하고 자연 세계에
뛰어드는 데 영감을 주는 책들을 써 왔다. 남편과 네 명의 아이들,
크고 어리숙한 털북숭이 개와 함께 살고 있다.

류한원 옮김

〈모닝캄〉〈루엘〉〈지오〉 같은 잡지사에서 기자 생활을 했고,
국제 비정부기구 국경없는의사회에서 언론 홍보 담당자로
일했다. 옮긴 책으로 《거룩한 똥》《텃밭의 기적》《이슬람의
눈으로 본 세계사》 들이 있다.

소소하지만

확실한

오늘의 에코 라이프

테사 워들리

류한원 옮김

양철북

머리말

우리는 매일 언론을 통해 여섯 번째 대멸종, 녹아내리는 빙하, 해수면과 기온의 상승, 악화되는 사막화, 갈수록 잦아지는 심각한 이상 기후 현상까지, 이 세상이 위기에 처했다는 이야기를 보고 듣는다.

　1958년 과학자들이 전 세계적으로 이산화탄소가 증가하는 추세에 대해 보고하고, 1962년 미국 생물학자 레이첼 카슨이 《침묵의 봄》을 통해 치명적인 살충제 사용이 미치는 영향을 강조하면서 지구의 위기에 대한 공포가 점화되었다. 화학 공해 물질로 인한 오염, 화석 연료 연소, 자연 서식지 감소, 재생 불가능한 자원 사용이 남기는 장기적 영향에 대한 증거가 점차 쌓여 갔다. 1971년에 환경 단체 그린피스가 설립되었으나 그 당시 정치권의 의지는 한참 뒤떨어졌다. 1970년대와 1980년대에도 우려의 목소리가 이어졌다. 앨 고어와 데이비드 애튼버러가 현재 인간이 벌이는 여러 활동과 경제 발전을 향한 전력질주가 우리의 행성에 미치는 위험을 이야기했다. 드디어 2015년 유엔기후변화협약에 참가한 회원국들이 파리협정에 서명했을 때 기후 위기라는 공동의 난제를 인지하고 해결책 합의에 도달한 듯 보였다. 하지만 그 뒤에도 절망적인 보고서 두 편이 나오면서 불안감이 다시 전반적으로 치솟았다. 하나는 기후변화에 관한 정부 간 협의체(IPCC)가 2018년에 발표한 보고서고, 다른 하나는 유엔의 생물다양성과학기구(IPBES)가 2019년에 발표한 보고서다.

　두 보고서는 우리가 현 궤도를 계속 따라간다면 불과 몇 년 안에 걷잡을 수 없이 기후변화가 일어나고 생물 다양성이 아찔한 속도로 떨어질 것이라고 전망했다. IPBES 회장 로버트 왓슨은 '경제와 생

계, 식량 안보, 건강, 삶의 질을 보장하는 기반이 전 세계적으로 침식'
되리라 말했다. 이에 많은 사람이 크게 충격받았다. 두 보고서에 담
긴 재앙 수준의 전망에 비해 정치적 실천이 턱없이 부족하다는 것에
집단적 불안이 폭발했다. 슬픔과 분노, 절망, 죄책감, 수치심이 집단
시위와 요구로 이어졌다. 그레타 툰베리에게 영감을 받은 청소년들
은 학교에서 기후 관련 시위 같은 사회 운동을 하고 있고, '멸종 저항
(Extinction Rebellion)' 같은 환경 운동이 전 세계에서 일어나고 있
다. 청소년들은 집단 시위를 통해 정치 지도자와 정책 입안자들에게
행동을 요구하고 있다. 여러 정부가 적절히 조치하겠다고 발표하고
는 있지만, 이행되는 수준을 보면 위험한 현재 상황에서 벗어나기 어
려워 보인다. 파리협정 조인국들은 2025년과 2030년 목표를 달성
하지 못할 것으로 예상되고, 미국은 트럼프 대통령 집권 당시 파리협
정에서 탈퇴했다[2021년 1월 조 바이든 현 미국 대통령이 취임한 직
후 파리협정에 복귀했다-옮긴이].

개인 차원에서 느끼는 '환경에 대한 불안'은 우리가 사실을 대면
하면서 가질 만한 정상적이고 건강한 반응이다. 하지만 우리는 스스
로 감정을 다스릴 수 있어야 한다. 현실을 부정하며 살 수는 없지만,
마냥 죄책감을 느끼며 살 수도 없다. 우리는 정보를 접하고 참여함으
로써 덜 소비적인 방식으로 먹고, 여행하고, 살아갈 수 있다. 개인이
일상에서 온실가스 배출 감소를 위해 의식적으로 행동한다면 정신
건강에 이로울 것이다.

우리가 하는 실천이 별것 아닌 듯 느껴지고 세상이 가는 방향에
개인은 영향을 미칠 수 없다고 느낄 수 있다. 하지만 집단의 힘은 크
다. 한 사람의 실천이 직접적으로 미치는 영향은 바로 눈에 띄지 않을
수 있지만, 거기에서 비롯된 잔물결이 증폭된다면 문제의 양상이 달
라진다. 이것이 바로 나비 효과다.

그레타 툰베리는 2018년 8월 등교를 거부하기로 결심했을 때, 6개월 뒤에 스위스 다보스 세계경제포럼에서 데이비드 애튼버러와 나란히 서서 세계 지도자들에게 이야기하게 되리라고 상상하지 못했다. 우리도 영향을 미칠 수 있다. 툰베리의 말처럼 변화를 만들기에 너무 작은 사람은 없다.

이 책은 우리가 더 나은 선택을 할 수 있도록, 환경 위기의 전 지구적 규모에도 우리의 영향력을 최대화하여 세계가 올바른 길에 들어서도록 돕기 위한 실용적인 가이드북이다. 세상을 나아지게 만들기 위해 우리가 충분히 할 수 있는 실천 방법을 집에서, 밖에서, 이동할 때, 일터나 학교에서, 휴가 갔을 때, 식사하고 물건을 살 때로 나눠 정리했다. 그리고 각각의 문제에 실질적인 변화를 일으킬 수 있는 해결책을 제시했다.

집은 우리의 안식처다. 우리는 자신과 주변 환경에 만족감을 느끼도록 집을 편안한 휴식 공간으로 만들고, 공간에 자신을 표현할 자유가 있다.

집에서 우리는 환경친화적인 생활 방식을 실현할 수 있다. 친환경 의식을 증명함에 있어 집을 가꾸고 난방을 하고 필요한 물자를 조달하는 방식으로 표현하는 것보다 더 나은 방법이 있을까?

집에서 변화를 만들어 간다면 신체적으로도 정신적으로도 도움이 된다. 원하는 변화를 스스로 만들어 낼 수 있다는 믿음이 우리를 안심시키기 때문이다. 선택 가능한 방안을 펼쳐 놓고 전반적인 생활 방식에 긍정적인 영향을 주는 선택을 신중히 하자. 환경 의식과 사회적 책임감을 지닌 시민이라는 것을 자신에게도, 세상에도 증명해 낼 수 있다. 정보에 근거한 결정을 내리면 우리의 탄소 배출을 최소화하고 자연계에 좋은 영향을 줄 수 있다.

1. 집에서

환경에 해를 주지 않고
집을 청소할 수 있을까?

우리는 왜 집을 청소하기 위해 일회용 플라스틱
통에 담긴 유해 화학 물질을 쓸까? 그런 제품은
사람 몸에 나쁠뿐더러, 결국 강과 바다로 흘러들어
동식물을 오염시키며 자연의 균형을 깬다.

평범한 비누와 온수, 일반 세제만으로도 항균 제품을 사용할 때와 다름없이 깨끗하게 청소할 수 있다. 항균 제품은 우리 피부에 좋은 박테리아를 죽이고 항생제 내성 박테리아가 생기는 데 일조한다.[1]

청소할 땐 물에 적신 극세사 천을 쓰면 좋다. 물은 보편적인 용매고, 극세사 섬유 사이사이에 물 입자가 들어가면 먼지와 때, 곰팡이를 닦아 낼 수 있으며 심지어 박테리아도 99퍼센트까지 제거할 수 있다. 빨아서 재사용할 수도 있다. 다만 시중 극세사 제품은 대부분 석유 기반 섬유이니 되도록이면 자연 극세사를 찾아 사용하자.

더 철저히 청소하고 싶을 때는 식초를 쓰자. 식초는 대부분의 표면에 사용할 수 있는 효율적인 다용도 살균제다. 스프레이 병에 백식초와 물을 5대 5로 섞어서 사용하자. 감귤류 에센셜 오일 한두 방울이나 오렌지즙 또는 레몬즙을 한두 티스푼 넣어 좋은 향을 더할 수도 있다. 희석하지 않은 백식초에 베이킹소다를 섞으면 주전자나 변기에 낀 석회 물때를 없앨 수 있다. 용액을 붓고 밤새 두었다가 아침에 헹구거나 물을 내리면 된다.

이보다 더 완벽하게 청소하려면 파라벤, 인산염, 황산염, 합성향, 표백제가 들어 있지 않은 생분해성 제품을 사용하고, 다용도 청소 제품을 찾아서 사용하자. 제품을 여러 개 사서 돈을 더 쓰도록 부추기는 마케팅 술책에 빠지지 말자. 천연 제품을 대용량으로 구매해 재사용 스프레이 병에 담아 쓰면 더 좋다.

- -

알아 두면 좋은 상식

● 살균제는 하수 처리 시설에서 내성 박테리아와 돌연변이 유도 부산물이 생기게 하거나 유익한 박테리아를 죽여 하수 처리 성능을 떨어뜨리고 지표수를 오염시킨다.

● 살균제는 실내 공기 오염, 생식 장애와 호흡기 장애, 눈과 피부 질병, 중추 신경계 손상 같은 문제를 일으킬 수 있다.[2] 여기서 살균제는 포름알데하이드, 글루타르알데히드, 표백제, 과산화수소, 효소 세정제 등을 의미한다.

내가 사용한 물은
어디로 흘러갈까?

지금까지 해 온 습관대로 계속 물을 쓸 수는 없을
것이다. 이미 강가의 나무와 수생 생물이 줄고 있고,
녹조 현상과 침입종 증가, 조류 개체 수 감소처럼
생태계가 고장 나고 있다는 신호에 빨간불이
들어왔다.

대기와 육지, 바다를 거치는 수자원 순환은 생태계의 핵심 요소다. 인간뿐 아니라 수천 년에 걸쳐 자연조건에 적응해 온 모든 동식물이 이 순환계에 의존한다. 물 낭비를 줄이면 하천계와 수생 생물에게 이롭고, 가뭄과 산불 같은 기후 재난에 더 잘 대처할 수 있다.

일상에서 물 사용을 줄이는 간단한 실천법이 있을까? 수도꼭지를 2분 동안 틀어 놓으면 물을 12리터까지도 낭비할 수 있다. 과일과 채소를 씻은 물을 통에 모아 화분에 주자. 세차하거나 개를 씻길 때, 정원에 물을 줄 때도 호스로 바로 뿌리지 말고 양동이에 받아서 쓰고, 빗물을 받아 공짜 물을 활용하면 더 좋다. 세탁기와 식기세척기는 가득 찼을 때만 돌리고, 집에 물이 샌다면 바로 수리하자. 물을 무려 80리터까지 쓰게 되는 목욕보다는 10분 미만 샤워가 낫다. 꼭 욕조에 몸을 담그고 싶다면 물을 조금 덜 채우자.

전 세계 1일 평균 물 사용량은 1인당 **160리터**지만 나라별 평균은 천차만별이다.

오스트레일리아 ……… **900리터**
캐나다 ……… **750리터**
미국 ……… **600리터**
한국 ……… **295리터**
영국 ……… **150리터**
중국 ……… **70리터**
방글라데시 ……… **40리터**

알아 두면 좋은 상식

● 물은 지구 표면 70퍼센트를 덮고 있지만 대부분 바다 소금물이거나 빙하로 저장되어 있으며 담수는 1퍼센트 미만이다.

● 전 세계 약 20퍼센트 지역에서 안전한 식수를 구할 수 없지만, 개발된 도시에서는 식수 수질 물을 변기를 내리거나 정원에 물을 줄 때 쓴다. 식수 수질 물을 실제로 마시는 비율은 1퍼센트에 그친다.[3]

사용한 물을 잘
흘려보내는 방법은?

물 낭비는 문제의 일부일 뿐이다. 하수도는
그 안으로 흘러드는 거대한 '팻버그'(생분해가
안 되는 물질이 요리용 기름 따위와 엉겨 굳은
물질)와 화학 물질 같은 쓰레기 때문에 막힐 수 있다.
하수구나 변기에 버려도 되는 것은 무엇일까?

부엌 싱크대나 하수구에 버리는 모든 쓰레기는 하수도로 들어가 하수 처리를 거친다. 하수에서 고형 물질을 제거하고 처리한 뒤 마지막에는 땅과 수로, 바다로 방류한다.

집 배관과 하수 체계에 문제를 만들지 않기 위해 싱크대나 변기에 무엇을 절대 버려서는 안 되는지 알아야 한다. 제일 큰 골칫거리는 식으면서 굳는 기름과 지방으로, 버리기 전에 먼저 기름은 식혀서 굳힌 다음 쓰레기통에 버려야 한다. 또는 씨앗이나 쌀과 섞어서 정원에 두면 새 모이가 된다(→ 47쪽). 커피 가루와 달걀 껍데기도 절대 하수구에 버리면 안 되니 일반 쓰레기로 버리자. 생리대, 면봉이나 화장솜, 콘돔도 변기에 버리면 안 된다.

미사용 의약품을 하수구나 변기에 버리는 것도 금물이다. 의약품은 하수에 섞이면 정화가 안 되니 수생 생태계에 해를 끼치고[4] 결국 우리가 먹는 물로 다시 돌아온다. 또한 미세플라스틱이 포함된 화장품을 사용하지 말자. 미세플라스틱은 하수장에서 처리되지 않으며 생분해되지 않기 때문에 수생 동물 몸에 축적된다. 유해한 화학 물질, 인산염을 포함한 세제는 환경을 해치므로 구입하지 말자.

거리나 차도 가장자리에 있는 배수구는 빗물이 빠지는 용도로 설계되었기 때문에 그곳으로 들어가는 물은 최소한만 처리해서 땅과 강으로 바로 배출한다. 그러니 부엌이나 작업장, 자동차에서 나오는 어떤 종류의 기름이든 쓰고 남은 페인트나 담배꽁초, 개 배설물 등 아무것도 버리지 말자. 이미 도로에서 몹쓸 것이 많이 흘러들어 가고 있으니 오염 물질을 더하지 말자.

플라스틱은 모두 나쁠까?
플라스틱 없이 살 수 있을까?

우리는 플라스틱에 둘러싸여 있다.
해양 생물의 몸속이나 우리 몸에도 쌓이고 있으며,
바다에는 플라스틱 섬이 만들어지고 있다.
이제는 가장 깊은 심해의 해구와 남극 가장
외진 곳에서도 플라스틱이 발견된다.
플라스틱, 이대로 계속 써도 될까?

플라스틱은 사람에게도, 지구에도 대체로 해롭다. 플라스틱은 대부분 석탄, 천연가스, 원유에서 추출되며, 만들 때 대개는 화석 연료 에너지를 사용하기 때문에 탄소 발자국은 엄청나다. 더구나 제품으로서도 그리 좋지 않다. 사용하는 도중 화학 물질이 새어 나와 인체에 정자 수 감소, 암 발생률 증가처럼 부정적인 영향을 줄 수도 있다.[5]

플라스틱 재활용도 어려운 일이다. 기술적으로 모든 플라스틱을 재활용할 수 있다지만 수거할 때 어려움이 뒤따른다(→ 28쪽). 더구나 재활용 플라스틱 제품은 품질이 낮으며 쓰레기를 매립할 때보다 비용이 훨씬 더 크다. 미세플라스틱(→ 41쪽)과 생분해플라스틱(빨리 분해되어 미세플라스틱이 된다)이 특히 골칫거리다. 정화 처리가 불가능하며 분해된 뒤 동식물에 쉽게 축적되기 때문이다.

이런 여러 문제점이 있지만, 플라스틱을 아예 쓰지 않을 수는 없을 것이다. 플라스틱은 가볍고 제형하기 쉬우며 내구성이 좋고 투명하고 비활성이며 값도 싸서 식품 운송 비용과 낭비를 줄일 수 있게 해준다. 예를 들어 음식물 쓰레기(→ 113쪽)의 탄소 발자국은 그 음식을 담아가기 위해 사용하는 플라스틱 용기의 탄소 발자국보다 열 배 더 많다.[6] 또 의료계에서는 플라스틱을 튜브, 주사기, 혈액 주머니, 식염수 주머니, 인공 관절, 의수와 의족, 시력 교정용 렌즈, 알약 포장, MRI 스캐너처럼 광범위하게 쓰고 있으니 플라스틱 없이는 힘들 것이다.

- -

알아 두면 좋은 상식

- 플라스틱 재활용률은 전 세계적으로 20퍼센트 이하다.
- 플라스틱 가운데 약 55퍼센트가 1회 사용 후 폐기된다.
- 바다를 오염시키는 물건 상위 열 개 가운데 아홉 개가 일회용 플라스틱이다. 담배꽁초, 포장지, 병, 병뚜껑, 봉투, 빨대, 휘젓개, 플라스틱이나 스티로폼 통과 그 뚜껑이다.
- 유엔환경계획에 따르면 매년 플라스틱 약 800만 톤이 바다로 들어가 수많은 해양 포유류와 조류가 죽고 있다.[7]

가정에서 사용하는 에너지를 전반적으로 줄이려면?

우리가 점점 더 많은 에너지를 쓰고 있다.
현재 우리는 50년 전보다 에너지를 세 배 더 많이
쓰고 있으며, 그 가운데 약 3분의 1을 집에서
직접 사용한다. 집에서 에너지 사용량을 줄이려면
어떻게 해야 할까?

지구의 온실가스 가운데 15퍼센트가 집을 난방할 때 배출된다. 에너지 소비를 줄이고 동시에 돈도 절약하는 여러 방법이 있다. 우선 단열이 중요하다. 다락방 단열 공사 비용은 난방비로 1년(공사를 업체에 맡기면 2~3년) 안에 절약할 수 있는 만큼이며, 벽 단열 공사를 하면 그만큼 비용을 절약하는 데 5년쯤 걸린다. 이중, 삼중 유리창이나 문을 설치해서 외풍을 막는 것도 좋다. 또한 실내 온도를 1도 낮출 때마다 에너지를 약 10퍼센트 절약할 수 있다. 그렇다고 해서 너무 낮은 온도를 견딜 필요는 없다. 만 65세가 넘거나 지병이 있는 경우 의학 전문가들이 권장하는 최저 실내 온도는 18도다.

모든 조명에 LED 전구를 사용하자. LED 전구가 살 때는 조금 더 비싸지만 훨씬 오래 가며(25~30년 동안 쓸 수 있다는 것이 일반적인 견해다) 백열전구보다 에너지를 90퍼센트 적게 사용하므로 몇 달만 지나면 비용을 그 이상 절약할 수 있다.

사용하지 않을 때나 외출할 때는 전원을 모두 끈다. 난방을 틀어놓는 것은 물론이고, 전자 제품을 대기 상태에 두는 것도 에너지 낭비다. 디지털 텔레비전 수신기, 텔레비전, 와이파이 라우터, 전자레인지, 사용 중이 아닌 휴대전화 충전기, 특히 컴퓨터와 게임기가 에너지를 많이 잡아먹으며, 전기세도 그만큼 늘어난다. 그러니 추울 때는 북유럽 사람들처럼 두꺼운 옷을 입고 담요를 덮고, 외출하거나 특히 여행 갈 때는 모든 전자 제품의 전원이 꺼져 있는지 반드시 확인하자.

- -

알아 두면 좋은 상식

● 세계 평균 1인 하루 에너지 사용량은 시간당 59킬로와트로,[8] 전기 주전자나 토스터를 24시간 쉬지 않고 쓰는 것과 같은 사용량이다.

● 대륙별 에너지 사용량을 보면 유럽은 세계 평균 두 배, 미국은 네 배에 이른다. 반면 아프리카는 세계 평균 20퍼센트만 사용한다.[9] 사람마다 1일 에너지 사용량은 매우 다양하다. 난방하지 않는 집에서 자면 세계 평균 3퍼센트만 사용하지만,[10] 자가용 제트기에 혼자 타면 평균보다 약 1000배 많이 사용한다.[11]

백색 가전을 쓸 때 드는 에너지와 물 소비량을 줄이려면?

모든 대형 가전은 생산하고 사용하고 폐기할 때
에너지와 자원을 많이 잡아먹는다. 보통
백색 가전은 자주 교체하지 않으니
가전제품을 가능한 한 효율적으로 사용해서
자원과 에너지 사용을 최소화해야 한다.

백색 가전 사용 설명서를 읽어 보자. 에너지와 물을 절약할 수 있는 설정 방법과 해당 가전을 어디 설치하면 가장 효율적으로 쓸 수 있는 지가 적혀 있다. 예를 들어 냉장고와 냉동고는 빌트인으로 설치하면 주변에 공간을 두고 단독으로 세워둘 때보다 열이 쉽게 빠져나갈 수 없어서 1년에 온실가스 배출량이 150킬로그램까지 늘어날 수 있다.[12]

백색 가전은 가득 채웠을 때 가장 효율이 높아지니 식기세척기 나 세탁기를 작동시키기 전에 가득 찰 때까지 기다리자. 또 특별 기능 이 있는지 확인해 보자. 절반만 채웠을 때의 설정이나 '에코' 설정을 이용하면 물과 전기를 아낄 수 있다. 식기세척기가 가득 차지 않았다 면 손으로 설거지하자. 옷은 세척력에 문제가 없는 한 낮은 온도로 세 탁하자. 세탁기에서 사용하는 에너지 90퍼센트는 물을 가열하는 데 쓰인다. 요즘 세제는 30도에서도 세탁이 잘 되니 매번 그보다 높은 온도로 세탁할 필요가 없다. 빨래 건조기는 에너지를 아주 많이 사용 하니 꼭 필요할 때만 돌리고 가능한 한 자연풍으로 빨래를 말리자.

백색 가전을 사용하지 않을 때는 끄고, 그 가전제품이 꼭 필요한 지도 생각해 보자. 식구 수에 비해 너무 큰 냉장고를 쓰거나 여러 대 를 두고 식재료를 오래 보관하는 경우도 많다. 냉장고 문을 확실히 닫 고 온도는 4~5도 정도로 유지해야 가장 효율적이다.

기계가 고장 나면 그냥 버리지 말고 고치려고 애써 보자. 정말 교 체해야 할 때는 지역 정부나 자선 단체 같은 기관을 통해 재활용할 수 있는지 알아보자. 교체할 때는 에너지 효율 등급이 높은 제품을 선택 하자. 그 편이 환경적으로 이로울뿐더러 경제적으로도 이득이다. 장 기적으로 볼 때 값이 더 나가더라도 품질 좋은 백색 가전은 더 오래 사용할 수 있고 전기와 물을 덜 소비하도록 만들어지므로 결국 언제 나 나 자신과 지구에 이로운 선택이다.

스마트 계량기는
좋은 대안일까?

스마트 계량기를 두고 차세대 전기·가스 계량기라고들
한다. 스마트 계량기가 뭐길래 환경에 긍정적인
영향을 준다는 걸까? 스마트 계량기로 꼭 바꿔야
할까?

스마트 계량기는 기존 계량기처럼 전체 에너지 사용량을 측정할 수 있고, 이에 더해 검침 기간이 아닐 때도 사용량과 요금까지 확인할 수 있다. 이전 사용량과 비교해서 볼 수도 있다. 이런 세부 사항이 모두 집에 설치한 작은 계기에 표시되며, 전기와 가스 공급처로도 전달되어서 원격으로도 사용량을 확인할 수 있다. 요금제 변경과 요금 계산 조정도 가능하니 사용하지 않은 에너지 요금을 낼 일도 없다.

스마트 계량기를 쓰면 각 전자 기기나 특정 활동에 에너지가 얼마나 드는지 바로 알 수 있다. 그에 맞춰 사용 패턴을 바꾸면 탄소 배출과 비용 지출을 줄일 수 있다. 영국에서는 스마트 계량기를 새로 설치한 가구 가운데 85퍼센트가 평소 습관을 바꿨으며 그 결과 에너지를 절약하게 되었다. 영국에서는 점점 더 많이 스마트 계량기를 설치하고 있으며 2030년까지 가정과 사업체의 탄소 배출량이 약 24퍼센트 감소할 것으로 예측한다.[13]

그러나 모든 공급자가 스마트 계량기를 사용하는 것은 아니니 마음대로 스마트 계량기로 바꿀 수 없는 경우도 있다. 또 스마트 계량기는 모바일 네트워크를 사용하기 때문에 인터넷 신호가 잘 잡히는 지역이어야 한다. 하지만 스마트 계량기를 설치한다고 다 되는 것은 아니다. 스마트 계량기로 효과를 얻으려면 무엇보다 생활 습관을 바꾸는 실천이 뒤따라야 한다. 할 수 있다면 스마트 계량기로 바꾸고 탄소 중립을 위한 변화에 동참하자.[14]

- -

알아 두면 좋은 상식

● 전 세계적으로 스마트 계량기 수는 2017년 6억 6510만 대였으며 2024년까지 거의 두 배인 12억 대에 이를 예정이다.

이처럼 이용자 수가 급증하는 까닭은 아시아에서 많이 도입하고 있기 때문이기도 하지만, 유럽과 북미, 호주, 뉴질랜드, 남미에서도 늘고 있다. 그보단 적어도 아프리카에서도 도입하고 있다.[15]

인터넷과 클라우드 저장소도 환경에 해롭다고?

사람들은 매일, 매분, 매초마다 인터넷을 검색하고 소셜 미디어를 확인하고 새로운 게시물을 올리며 이메일을 보내고 비디오를 보고 음악과 팟캐스트를 듣는다. 이 모든 활동을 할 때 전기가 필요하다. 인터넷을 끊고 살 수는 없겠지만, 내가 미치는 영향을 어떻게 하면 최소한으로 줄일지 고민해 보자.

인터넷과 클라우드 저장소를 가상 공간으로 생각하기 쉽지만, 사실 그곳은 비행기 격납고보다 더 큰 창고다. 그 창고에 가득 찬 서버와 회로판은 전기를 엄청나게 쓰며 열을 뿜어내고 있고, 해저에 설치된 수천만 킬로미터 케이블로 연결되어 있다. 우리가 클라우드 저장소를 사용하거나 검색하거나 이메일을 쓰고 소셜 미디어를 볼 때마다 당연히 온실가스가 추가된다.

인터넷을 사용할 때도 에너지 효율을 높이는 방법이 있다. 우선 가장 적합한 기기를 선택하고 한 번 구입한 기기는 가능한 한 오래 쓰자. 같은 용도의 기기를 여러 대 사지 말고 하나만 사자. 데스크톱 컴퓨터보다 노트북에 재료가 75퍼센트 적게 들고, 사용할 때도 에너지를 70퍼센트 덜 쓴다.[16] 검색이나 이메일 확인처럼 간단한 쓰임에는 태블릿이 노트북보다 효율적이다. 무선으로 연결할 때보다 유선으로 연결하면 에너지가 덜 드니 모니터나 프린터, 네트워크, 클라우드 저장소를 가능하면 이더넷과 USB 케이블로 연결하자. 일정 시간 쓰지 않으면 대기 상태로 바뀌도록 설정해 두고, 배터리가 완전히 방전되지 않도록 하자. 최적화 기능을 켜서 쓰지 않는 앱이 계속 실행되지 않도록 하고, 불필요한 파일을 삭제하자. 자주 보는 웹사이트는 즐겨찾기를 해 두자. 구체적으로 검색어를 입력해 검색창에 뜨는 결과 수를 줄이자.[16] 이메일을 쓸 때는 첨부파일을 보내는 대신 HTML 링크를 보내자. 다 본 이메일은 삭제하고 휴지통을 비우자. 이 모든 작은 실천이 에너지를 절약하는 데 도움이 된다.

알아 두면 좋은 상식

● 전 세계에서 IT 산업 때문에 발생하는 탄소 배출량은 항공 산업 탄소 배출량에 맞먹는다. 주로 데이터 센터에 전력을 공급하는 데 드는 에너지 때문이다.

● 인터넷 사용량은 기하급수적으로 증가하고 있다. 1분마다 웹사이트 570개가 만들어지고, 34만 트윗이 발송되며, 구글에서만 25만 건이 검색된다.[17]

포장재를 효율적으로 재활용하는 방법은?

재활용 쓰레기에 대해 알아야 하는 규칙이 정말 많다. 씻어서 버려야 할까? 뚜껑은 닫은 채로 버려야 할까? 병은 찌그러뜨려서 버리는 게 낫나? 함께 수거된 재활용 쓰레기 전체를 결국 매립지로 보내는 일을 막으려면 어떻게 배출해야 할까?

포장재 양을 줄이는 것이 최선이지만 분리 배출한 재활용 쓰레기가 실제로 재활용되도록 하는 것도 중요하다. 몇 가지 요령을 짚어 보자.

플라스틱 병, 유리병, 종이팩은 모두 재활용할 수 있지만 내용물을 완전히 비우고 씻어 말려서 내놔야 한다. 음식물이 남아 있으면 벌레나 새가 꼬이고, 재활용 가능 재질이 오염되니 이 점을 꼭 유념하자. 재활용 분리 수거물 한 무더기가 기준 이상으로 오염되면 매립지나 소각장으로 간다. 페트병과 종이팩은 납작하게 만들고 뚜껑을 닫아 버리자. 음식물 알루미늄 캔은 비우고 헹궈서 버리면 재활용할 수 있으며 치약이나 핸드크림이 든 알루미늄 튜브도 최대한 짜내거나 용기를 자른 뒤 씻어서 분리 배출하자.

오염되지 않은 피자 상자는 택배 상자와 함께 배출하고, 창이 달린 편지 봉투도 재활용 되니 종이류와 함께 버리자. 포장지는 반짝이나 플라스틱 재질을 함유한 것이 아니라면 재활용할 수 있다. 구겼을 때 다시 펴진다면 플라스틱을 포함한 포장지다.

과일과 채소 포장 용기도 재활용품으로 내놓을 수 있지만 함께 사용된 비닐은 따로 분리하고, 비닐 랩은 일반 쓰레기로 버려야 한다. 비닐 포장재는 에어캡, 비닐봉지, 묶음 포장재, 빵이나 곡류, 냉동식품 봉투와 함께 비닐류로 배출하자. 퇴비화할 수 있거나 생분해되는 봉투는 재활용 체계에 혼란을 일으키니 제외한다. 화장실에도 재활용 쓰레기통을 두자. 부엌에서 쓰는 플라스틱은 90퍼센트가 재활용되는 반면 화장실 플라스틱 쓰레기는 50퍼센트만 재활용된다.

언제나 가능한 한 적게 버리는 것이 최선이다. 버리기 이전에 최대한 재사용하자. 재활용 불가능 품목이라면 더욱 그렇다.

호흡할 때 들이마시는
독성 물질을 줄이려면?

실외보다 실내의 공기 오염 수치가
두 배에서 다섯 배까지 높을 수 있다고 한다.
휘발성 유기 화합물, 살충제, 클로로폼,
에스터, 에테르, 다이옥신, 포름알데히드,
폴리염화비닐(PVC), 라돈이 일상 생활용품에
함유되어 있어서라는데, 어떻게 하면 집 안
공기 질을 높일 수 있을까?

집 안 공기 중에는 생각보다 독성 물질이 많아 건강에 해를 끼친다. 독성 물질이 집 안에 쌓이는 것을 막고 우리 자신과 환경에도 도움이 되는 간단한 방법이 몇 가지 있다.

우선 집을 금연 공간으로 만드는 것은 두말할 것 없고, 바닥을 청결하게 유지하자. 집 안 깔개와 카펫을 진공청소기로 자주 청소하고, 매끈한 바닥은 극세사 대걸레로 닦자(물만 묻혀서 닦아도 먼지 입자를 제거하기에 충분하다).

해충을 없앨 때 화학 물질을 쓰지 말고, 세제와 목욕 제품, 화장품도 자연 소재를 고수하자. 합성 향이 든 세탁 세제, 액체 형태나 빨래 건조기에 넣는 시트 형태의 섬유 유연제, 일반 방향제 및 콘센트에 꽂아 쓰는 방향제는 휘발성 유기 화합물(VOCs)을 집 안에 배출하니 사용하지 말자. 식초와 베이킹파우더에 레몬즙을 더해 청소하면 충분히 부엌과 화장실을 깨끗하게 청소할 수 있다(→ 13쪽).

소파를 포함한 가구나 의류, 카펫 또는 페인트칠로 인해 공기 질이 나빠지기도 한다. 새 가구는 가능하다면 밖이나 차고에서 포장을 풀어 하루 이틀 가스가 배출되도록 두었다가 집 안에 들이면 좋다. 페인트는 휘발성 유기 화합물 함유량이 적은 제품을 고르고, 의류와 침구류, 수건, 커튼이나 커버류는 되도록 자연 섬유 제품을 사용하자. 합성 섬유는 마모되면서 플라스틱 입자를 공기 중에 내보낸다.

실내 온도는 낮게 유지하고 이따금 문과 창문을 5~10분씩 열어서 독성 물질이 실내 바닥에 가라앉기 전에 흩어지도록 하자. 마지막으로 집 안에 자연을 들이자. 미국항공우주국(NASA) 연구 결과 자주달개비, 알로에, 양치식물 같은 실내용 화초가 화학 오염 물질을 흡수한다고 한다.[18] 화초가 있어 더 평온하고 행복한 기분을 느낄 수 있는 것은 덤이다.

화장실에 있는
각종 플라스틱 제품을 줄이려면?

화장실 곳곳에는 플라스틱 튜브나
병에 든 제품이 가득 쌓여 있는 경우가 많다.
피부와 모발을 잘 관리하면서도
플라스틱 포장 제품을 덜 쓰려면 어떻게 해야 할까?

미용 제품이 피부와 모발 상태를 나아지게 한다는 탄탄하고 독립적인 과학적 증거는 매우 적고,[19] 그보단 나이나 생활 습관, 전반적인 건강 상태가 훨씬 중요하다. 하지만 우리는 아름다움을 약속하는 유혹에 끊임없이 이끌려 이 제품에서 저 제품으로 갈아타고, 그 사이 플라스틱 용기는 계속 쌓인다. 그렇다고 한꺼번에 전부 바꾸려고 들지는 말자. 가진 제품은 끝까지 다 쓰고, 이후에 그것을 대체할 대안을 찾자.

플라스틱 쓰레기를 줄이기 위해 고체 비누와 함께 샴푸와 컨디셔너도 고체 제품을 사용하고, 구강세정제는 알약형을 사용하자. 비누를 끝까지 다 쓰려면 비누망에 비누를 넣고 각질 제거용 때수건처럼 쓰면 된다. 곤약 스펀지는 세안에 효과적인 데다가 식물성 섬유로 만들어져 생분해성이고 퇴비화도 가능하며 재사용할 수 있다.

간단한 재료로 천연 제품을 직접 만들 수도 있다. 귀리는 예민한 피부에 아주 좋다. 익혀 누른 귀리 한 컵을 작은 천 주머니나 안 쓰는 양말에 넣고 에센셜 오일을 몇 방울 뿌려 수도꼭지 아래에 매달아 두고 목욕물을 받아 목욕하면 긴장이 잘 이완된다. 코코넛 오일도 머리카락과 피부를 부드럽게 해 준다. 하지만 코코넛 농장을 만드느라 열대 우림이 벌채되기도 하니 조금만 쓰자.

빈 용기에 내용물을 리필해 쓰는 방법을 찾아보자. 대용량으로 제품을 갖춰 두고 내용물만 담아 갈 수 있게 하는 가게가 늘고 있다. 여러분이 사는 지역에서 제로웨이스트 관련 정보를 찾고, 새로 알아낸 제로웨이스트 상점 정보는 사람들과 공유하자.

플라스틱 대신 유리 용기에 든 제품을 찾자. 구매하고 싶은 브랜드의 친환경 점수가 몇 점인지, 친환경 탈만 쓴 건 아닌지 의심된다면 ethicalconsumer.org에서 확인해 보자 [국내에는 녹색제품 정보검색 사이트 www.greenproduct.go.kr가 있다 - 옮긴이].

의류 쓰레기를 어떻게 줄일 수 있을까?

패션 업계는 세계에서 오염과 낭비가 가장 심한
산업 가운데 하나다. 매년 나아진다고 해도
파리협정에서 제시하는 목표에는 여전히 미치지
못한다. 매일 같은 옷을 입을 수는 없는데,
의류 쓰레기를 줄이려면 어떻게 해야 할까?

의류 산업이 환경에 미치는 영향은 대부분 생산과 폐기 과정에서 비롯되며, 이는 빠른 턴오버 때문에 가중된다. 우리 모두 옷을 9개월만 더 입어도 의류 산업으로 인한 탄소 배출, 물 사용, 폐기물의 영향을 20~30퍼센트 줄일 수 있다.[20]

무엇보다 옷에 대한 태도를 바꿔야 한다. 덜 사고, 더 오래 입어야 한다. 패션 업계가 매년 옷을 바꾸고 시즌 개념을 두어 소비를 부추기더라도 우리는 옷을 장기간 함께할 물건으로 보아야 한다. 가지고 있는 겨울옷과 여름옷을 해를 거듭하여 입자는 말이다. 매번 찾아오는 패션 시즌의 새로운 스타일에 휘둘리지 말고 자신에게 잘 맞는 모양과 색을 파악하자. 충동구매를 줄이기 위해 노력하자.

지속 가능성을 염두에 둔 소비자라면 순환성은 우리 모두 주목해야 할 주제다.[21] 옷의 수명을 늘리는 방법 가운데 하나는 입지 않는 옷을 중고로 파는 것이다. 중고 옷 거래 웹사이트나 앱이 계속해서 생기고 있으니, 입던 옷을 내놓고 판매하는 일은 어렵지 않다. 자선 단체 매장이나 그 밖의 중고 가게들, 옷을 고쳐서 입을 수 있게 해 주는 업사이클링 전문점도 갈수록 더 많이 생기고 있다. 옷장을 뒤져 보면 분명 예전에 좋아했지만 이젠 입지 않는 옷이 있을 것이다. 오래된 옷을 다른 것으로 만들어 보는 것도 재미있게 도전해 볼 만한 일이다. 오래된 청바지로 문이나 창문 외풍 차단 틈막이 쿠션을 만들고, 스웨터로 쿠션 커버를 만들고, 셔츠로 가방을 만들면 오래된 옷에 깃든 추억을 되새길 수 있다. 인터넷에서 아이디어를 찾을 수도 있다. 친구들과 옷을 바꾸는 것은 훌륭한 사회 교류 방법이자 옷장을 조금 비우고 새로운 보물을 찾아내는 방법이기도 하다. 한 달, 한 계절, 또는 1년 동안 새 옷 사지 않기에도 도전해 보자.

옷에도 플라스틱이
들어 있다고?

나는 일회용 플라스틱을 덜 쓰려고 최선을 다하고
있다. 화장실과 부엌에서 플라스틱 병에 담긴
제품을 모두 치웠고, 이젠 내 옷에 대해서도 생각해
보고 있다. 옷에도 플라스틱이 들어 있다는데
사실일까?

그럴 가능성이 높다. 옷장을 열어서 라벨을 몇 개 살펴보자. 각종 플라스틱으로 만들어진 합성 섬유가 포함된 옷이 많을 것이다. 스판덱스나 라이크라라고도 불리는 엘라스테인, 폴리에스테르, 나일론, 아크릴, PVC라고도 하는 폴리염화비닐과 폴리우레탄……. 전 세계적으로 쓰이는 옷감 약 60퍼센트에 플라스틱이 들어 있다.[22] 몸에 꼭 맞거나 신축성이 있거나 구겨지지 않는 옷이라면, 또는 통기성이 있거나 방수가 되거나 초경량이고 아주 작게 접어지는 옷이라면 대개 그런 기능은 섬유 속 플라스틱 때문에 가능하다고 보면 된다.

옷을 입거나 세탁할 때 미세한 섬유 조각이 나와 결국 바다와 공기로 들어간다. 우리는 매일 합성 섬유에서 빠진 미세섬유를 먹고, 마시고, 들이쉰다. 긍정적으로 생각하면 이제 이런 플라스틱이 어디에 있는지 알게 되었으니 피할 수 있다. 그렇다고 이미 산 옷을 쓰레기통에 버릴 필요는 없다. 옷이 환경에 미치는 영향만큼 제 역할을 하도록 더 입을 수 없을 때까지 입고 수명이 다한 옷은 재활용하자.

의류나 수건, 침구를 살 때는 자연 섬유를 선택하자. 유기농 면, 리넨과 삼베, 실크, 모직 같은 자연 섬유 제품은 더 비싸겠지만, 정말 좋아하는 제품만 적게 사면 더 오래 입고 궁극적으로 돈도 아낄 수 있다. 옷의 특정 기능을 포기할 수 없다면 소량 함유된 합성 섬유는 받아들여야 할 수도 있다. 친환경 업체에서도 속옷과 스포츠웨어에는 합성 섬유를 5~8퍼센트 정도 사용한다. 반합성 섬유도 고려해 보자. 텐셀이라는 브랜드 이름으로 많이 알려진 라이오셀, 대나무 섬유, 모달은 모두 식물을 원료로 제작되며 플라스틱을 함유하지 않는다. 하지만 제작 과정에서 사용되는 화학 제품과 제작 환경이 미치는 환경적, 윤리적 영향이 있으니 이것까지 가늠해 봐야 한다.[23][24]

면은 합성 섬유의
좋은 대안일까?

집 안에서 쓰는 섬유 제품을 자연 소재로 바꾸고
싶다. 하지만 환경에 문제를 일으키지 않는 섬유는
없다는데, 합성 섬유 대신 면을 사용하는 것이 과연
좋은 선택일까?

수백만 농부가 목화 재배를 생계 수단으로 삼고 있지만, 목화는 토양 비옥도를 떨어뜨리며 재배할 때 아주 많은 물과 살충제를 써야 한다. 또 거의 유전자 변형 작물인 데다가 생산 과정에서 윤리 및 인권 문제가 발생한다. 유기농 목화는 유전자 변형 작물이 아니며 화학 약품을 쓰지 않지만, 수확량이 적어서 토지와 물이 더 많이 든다. 따라서 면은 합성 섬유를 대체할 훌륭한 대안으로 보이지 않는다.

다행히 변화가 일어나고 있다. 2005년에 목화 산업을 지속 가능하게 바꾸는 것을 목표로 비영리 단체 '베터 코튼 이니셔티브(Better Cotton Initiative, BCI)'가 조직되어 소매업체들의 참여를 유도하고 있다(유명 브랜드 대부분이 2025년부터 지속 가능하게 생산된 면만 사용하기로 약속했다). 2018년 말 기준, 전 세계 목화 가운데 19퍼센트가 BCI 기준에 맞게 생산되었으며 이 수치는 증가할 전망이다. BCI 기준을 따르면 물과 살충제 사용량을 40퍼센트까지 줄일 수 있다.

공정 무역이나 유기농 표준에 따라 생산된 면을 사용하는 윤리적 브랜드가 이미 많이 있으니 그 브랜드를 이용하자.[25] 면을 대신할 천으로는 삼베, 즉 대마 직물이 있다. 전 세계에서 널리 재배되는 대마는 살충제가 필요 없으며 물도 일반 목화에 비해 5분의 1, 유기농 목화에 비해 3분의 1만 든다. 토양을 오히려 비옥하게 해 주는 장점도 있다. 삼베보다 더 좋은 선택은 아마에서 뽑아내는 리넨인데, 아마는 척박한 토양에서도 자랄 수 있다는 장점까지 갖추었다.[26]

알아 두면 좋은 상식

● 2013년 인도의 목화 수출 물량을 재배하는 데 인도 인구 12억 4000만 명 가운데 85퍼센트에게 1년간 매일 100리터씩 공급하기 충분한 양의 물이 소비되었다.

그 사이 인도에서는 1억 명 이상이 안전한 물을 구하지 못했다.[27]

● 수자원의 우회 및 오염 때문에 파키스탄 인더스 삼각주, 중앙아시아 아랄해, 호주 머리강과 달링강 유역에 심각한 피해가 발생했다.[28]

옷을 세탁할 때
환경에 덜 영향을 미치려면?

빨래할 때는 대개 물과 플라스틱 병에 담아
판매하는 화학 세제, 에너지를 쓴다. 옷감에 들어
있는 미세섬유가 바다로 흘러들어 가는 것도
걱정된다. 책임감 있게 세탁하는 방법이 있을까?

이제 바다에 은하의 별보다 더 많은 미세플라스틱이 있을 것이라는 추정치는 충격적이다. 하지만 우리가 빨래할 때 환경에 미치는 영향을 줄일 방법이 있다. 옷을 비롯한 직물 제품에서 플라스틱을 배제하는 방법은 앞서 이야기했다(→ 36쪽). 세탁기를 새로 사야 한다면 효율이 가장 좋은 제품으로 고르고, 가능한 한 경제적으로 사용하자(→ 23쪽).

그리고 세탁 횟수를 최소화하자. 입었던 옷을 세탁 바구니에 넣기 전에 다시 살펴보면 전부 세탁할 필요는 없을지 모른다. 통풍이 잘 되는 곳에 걸어 두었다가 다시 입거나 작은 얼룩만 부분 세탁을 하는 방법도 있다. 세탁기가 가득 찰 때까지 기다렸다가 빨래하면 직물이 받는 마찰이 줄고, 미세섬유가 빠질 확률도 준다. 빨래 건조기는 사용하지 말자. 건조기는 직물 수명을 단축시키며 미세섬유가 더 많이 떨어지니 되도록 통풍이 잘 되는 곳에서 옷을 널어 말리자. 또 미세섬유를 모아 제거하도록 특별하게 디자인된 세탁 주머니나 세탁 공 제품을 활용해 하수도로 흘러들어 가는 미세섬유를 줄이자.

리필할 수 있는 병에 담긴 제품이나 아예 병이 필요 없는 세탁 제품을 구입하고, 합성 탈취 제품은 쓰지 말자. 피부가 예민하다면 자연 제품을 사용해 보자. 천연 열매 세제인 소프넛이나 세라믹, 광물 알갱이가 들어 있는 세탁 공은 여러 번 재사용할 수 있으니 기존 세제를 대신할 수 있을 뿐더러 환경 오염을 줄인다.

- -

알아 두면 좋은 상식

● 의류 섬유는 세계에서 가장 깊은 해구인 태평양 마리아나 해구[29]에 서식하는 물고기 몸속에서도 발견되었다.

● 연구 결과, 인구 10만의 작은 마을에서도 플라스틱 의류에서 나오는 미세섬유가 매일 1킬로그램가량 배출되는 것으로 추정된다. 이는 결국 모두 바다로 흘러들어 간다.[30]

우리는 정원이나 옥상, 베란다나 창가에서 자연을 가장 먼저 만난다. 그다음 집 근처 공원, 더 나아가 야외에서 자연을 접한다. 개인이 자연에 미치는 직접적인 영향이 너무 적다고 생각할 수 있지만, 각자의 녹지 공간을 모두 합하면 꽤 큰 차이를 만들 수 있다.

야외에서 보내는 시간은 우리 신체와 정신 건강에 근본적인 영향을 미친다. 우리는 야외에서 하는 여러 선택으로 자연과 더 확고히 연결되고, 환경을 보호하며, 삶의 질을 높일 수 있다. 우리 정원을 더 푸르게, 자연과 야생에 가깝게 만들수록 특히 크고 작은 도시들에서 야생 동식물이 줄어드는 속도를 늦출 수 있다.

조금의 수고만으로, 때로는 그저 개입을 덜 하기만 해도 곤충과 자생 식물, 새 들이 번성하고 생물 다양성이 회복되도록 도울 수 있다.

2. 야외에서

화학 물질 없이
식물을 키울 수 있을까?

화초나 작물을 키우는 이라면 누구나 해충이나 병 없이 잘 키우고 싶어 한다. 화학 비료나 농약 없이도 그렇게 할 수 있을까? 비료나 농약은 돈도 돈이지만 민달팽이나 애벌레처럼 식물에 '유해한' 동물뿐 아니라 무해한 야생 동식물도 해친다.
다른 해결책이 있을까?

우리가 쫓고 싶어 하는 '유해 동물'도 사실은 모든 생물이 의존하는 생태계의 중요한 일부다. 꽃가루를 옮겨 주는 곤충이나 무당벌레, 딱정벌레, 거미의 개체 수가 줄면 우리가 정원에 들이고 싶은 새와 작은 포유동물도 연쇄적으로 영향을 받는다. 그동안 화학 물질을 사용해 왔다면 정원과 토양이 균형을 되찾는 데까지 시간이 걸릴 테지만, 농약 없이 해충과 유해 동물을 통제하는 방법은 많이 있다.

새가 찾아오도록 하려면 겨울에 먹이를 주거나, 겨울잠을 자는 곤충을 끌어들일 통나무 더미 또는 벌레 호텔을 만들어서 새들이 먹을 자연 식량 공급원을 늘리는 방법이 있다. 작은 연못을 만들면 개구리를 불러들여서 곤충 수를 줄일 수 있다.

다양한 식물을 잘 계획해서 섞어 심으면 해충과 유해 동물을 못 오게 유인할 수 있고 피해를 최소화할 수 있다. 양파, 부추, 마늘 같은 파속 식물은 여러 유해 동물을 쫓는다. 반대로 텃밭 가장자리에 미끼용으로 양상추를 심으면 민달팽이를 유인할 수 있어서, 민달팽이가 텃밭 안에 들어가 주요 작물을 먹기 전에 잡을 수 있다. 민달팽이와 달팽이는 야행성이니 습도가 높은 저녁에 손전등을 들고 나가 잡거나, 배춧잎이나 자몽 자른 것을 흩어 놓아서 유인한 뒤 잡으면 된다.

작물을 섞어 심으면 유해 동물 때문에 초토화될 확률을 줄이고, 반복해 일어나는 해충 피해를 막을 수 있다. 시기도 중요하다. 예를 들어 파종을 조금 늦게 하거나 아니면 수확을 더 일찍 해서 주요 유해 동물이 공격하는 것을 피할 수 있다. 과육이 무른 과일 작물 주변에는 그물망 같은 보호막을 치거나 으깬 달걀 껍데기나 커피 찌꺼기를 놓으면 연체동물을 막을 수 있다. 플라스틱 화분은 재활용 쓰레기로 버리기 전에 묘목을 보호하는 덮개로도 활용할 수 있다.

왜 정원에서
이탄을 사용하면 안 될까?

이탄은 자연물인데 이탄 비료를 정원에 뿌리는 것이
왜 문제일까? 이탄 습지 서식지를 보존하는 일이
열대 우림 보호만큼이나 탄소 중립을 지키기 위해
중요하다던데, 어째서일까?

우리가 퇴비나 연료로 사용하는 이탄은 습지대에서 수천 년에 걸쳐 만들어진다. 화석 연료와 마찬가지로 이탄은 생성되기까지 아주 오랜 세월이 걸리기 때문에 사실상 재생되기 어렵다. 지구상 여러 곳에 자리한 이탄 습지 서식지는 생태적으로 풍부하여 자연 서식지 다양성 보존 차원에서 중요한 역할을 한다. 자연 상태의 이탄 습지는 다른 식생을 모두 합한 것보다 더 큰, 지구상에서 가장 큰 탄소 저장고다. 하지만 이탄 습지의 중요성이 충분히 알려지지 않은 탓에 전 세계 이탄 습지가 15퍼센트 넘게 채굴되거나 불에 탔다. 그 과정에서 토양에 격리되어 있던 탄소가 대기로 빠져나갔다. 기후 위기의 시대에 이탄 습지를 반드시 보호해야만 하는 까닭이다.

자연 상태에서 이탄은 자체 무게의 스무 배까지 물을 저장할 수 있어서 폭우로 인한 홍수 피해를 줄이며 물 저장고 역할도 한다. 이탄 지대가 마르고 훼손되면 불이 날 위험이 매우 크다. 장기간 비가 내리거나 눈이 쌓여 있어도 화재가 몇 달 동안 이어질 수 있으며 불이 진압되지 않는 동안 이산화탄소와 각종 독성 물질이 배출된다.

이탄 비료는 우리가 그 대가를 감당할 수 없는 사치품이다. 다행히 이탄 대체품은 여럿 있다. 여러 토양과 식물들, 특히 진달랫과처럼 이탄 비료를 좋아하는 식물에도 적합한 지속 가능한 대안을 원예용 품점에서 찾을 수 있으며, 집에서 직접 퇴비를 만드는 것도 좋은 방법이다(→ 56쪽).

- -

알아 두면 좋은 상식

● 영국에서는 가정용 수돗물 가운데 최대 70퍼센트가 이탄 습지에서 공급되고 있다.

● 2015년 인도네시아 이탄 습지 숲 화재로 인해 배출된 온실가스의 1일 평균량은 미국 전체 1일 배출량보다 많았다.[31]

● 보르네오, 수마트라, 말레이반도에서는 주로 팜유 농장을 만들기 위해 이탄 습지를 파괴한다. 이때 이산화탄소가 엄청 많이 배출되며, 이들 지역 온실가스 배출량은 이제 중국과 미국 배출량에 맞먹는다.[32]

꽃가루를 매개하는
곤충과 새 들을 지키려면?

기후변화, 도시화, 대규모 농업으로 인한 압박,
농약 및 기타 화학 물질 사용, 외래 침입종을 비롯한
여러 이유로 곤충과 조류 개체군이 피해를 입고
있다. 멸종 위기에 처한 종이 너무 많은 현재,
생물 다양성 회복을 위해 내가 할 일이 있을까?

우리가 정원이나 텃밭에서 하는 일이나 베란다와 창가에 화분을 놓는 것 같은 모든 실천은 벌과 나비, 나방, 새 들에게 영향을 준다.

꽃가루 매개자는 날아가려면 힘이 필요하다. 장거리를 이주하는 종도 있고 겨울잠을 자는 종도 있는데, 대부분 꿀을 먹으며 힘을 낸다. 봄, 여름, 가을을 위한 구획을 나눠서 꿀이 풍부한 식물을 다양하게 키우자. 물을 잘 주고 시든 꽃은 정기적으로 잘라내 더 많은 꽃이 피고 더 많은 꿀을 생산할 수 있도록 하자. 야생 동식물에 아무 도움이 안 되는 노출 콘크리트, 울타리, 데크 시공은 줄이자. 대신 혼합 자생종 생울타리를 만들거나 덩굴 식물을 심어서 꽃가루 매개자가 비나 서리를 피할 공간을 만들어 주자. 창가에 화분을 놓는다면 로즈메리나 라벤더 같은 다년생 꽃 허브를 키우자.

정리를 덜 하는 것만으로 충분할 때도 있다. 진딧물과 유충(→ 45쪽)을 위해 손대지 않는 구역을 남겨 두고, 뿌리 덮개 낙엽 한 무더기를 그대로 두자. 완전히 야생으로 돌아가도록 두지는 않아도 봄에 '잡초'가 꽃을 피울 수 있게 잔디를 그냥 두면 야생 동식물에 이롭다.

큰 씨앗을 맺는 식물은 새들에게 겨울 먹거리를 제공하므로 꽃이 죽었을 때 잘라 버리고 싶더라도 조금 참자. 먹거리가 부족한 계절에는 익히지 않은 곡식을 밖에 내놓자. 하지만 간이 된 음식이나 자칫 질식하게 만들 수 있는 너무 단단한 음식물은 피하는 것이 좋다.

- -

알아 두면 좋은 상식

● 전 세계적으로 곤충 개체군은 앞으로 몇십 년 안에 40퍼센트 이상 멸종할 정도로 위험에 처해 있다.[33]

● 전 세계적으로 조류도 역시 40퍼센트 종이 멸종 위기에 처했으나 이 숫자는 감소 추세다.[34]

● 특히 도시에서 개인 정원은 야생 동물 보존을 위해 중요하다.

● 영국 내 모든 정원을 합한 면적은 영국 국립공원인 엑스무어, 다트무어, 레이크 지방, 노퍽 브로즈 네 곳을 합한 면적과 같다.[35]

지역 야생 동식물을 보호하기 위해 무엇을 할 수 있을까?

더 많은 주택을 짓고 사회 기반 시설과 서비스를 확장하는 동안 동식물 서식지와 다양성이 줄어들고 있다. 그 영향을 줄이고 지역 야생 동식물을 돕기 위해 내가 할 일이 있을까?

생물 다양성 감소 관련 연구 결과들을 보면 좌절하기 쉽지만, 우리의 작은 실천으로도 변화를 일으킬 수 있다. 충분히 많은 사람이 함께 행동한다면 현재 추세를 뒤집을 수 있다.

먼저 여러분 지역에서 하는 자연 보호 활동에 참여하자. 야생 동식물 보호 협회, 하천 보호 협회, 자연 관리단이나 보호 단체가 있는지 찾아보자. 그다음 관련 행사에 참석하고 근처 자연 보호 구역이나 야생 동식물 서식지에 가서 자기 지역에 사는 야생 동식물에 대해 알아보자.

관련 자원봉사 단체에 힘을 보탤 수도 있다. 그 단체들은 서식지 만들기와 외래 침입종 제거, 생물 종 조사와 수질 검사 같은 과학 조사 업무나 전화 응대와 소셜 미디어 관리, 자료 관리나 모금 지원 같은 사무 업무를 거들어 주는 실질적인 도움을 줄 이들을 언제나 기다리고 있다.

소신 있게 목소리를 내자. 지역 내 많은 야생 동식물 단체가 자연을 위한 긍정적 변화를 일으키고 야생 동식물 서식지를 지키기 위해 지방자치단체와 중앙 정부를 설득하는 캠페인을 진행한다. 여러분이 관심 두는 사안에 대해 이웃과 가볍게 이야기를 나누며 지지를 얻기 위해 노력해 보자. 외출할 때 봉투와 작업용 장갑을 챙겨 나가서 야생 동식물에 해가 되지 않도록 쓰레기를 줍는 등 동네에서 좋은 본보기를 보일 수도 있다.

이런 실천은 자연뿐 아니라 우리 자신을 위해서도 좋다. 스마트폰을 들여다보는 시간을 줄이고 야외에서 활동하게 될 테고, 변화를 일으킬 실천을 하면서 긍정성을 느낄 수 있다.[36][37]

화분이나 마당에서 외래종을 키우면 토종 야생 동식물이 영향을 받을까?

외래 침입종이 늘어나면서 꽃가루 매개자와
조류의 개체 수가 감소하고 있다. 마당에서 자라는
외래종 식물이 자생종 동식물에 문제가 될까?

거의 모든 나라에 자생종과 외래종이 다양하게 혼재한다. 침략자, 정착민, 상인, 탐험가, 식물 수집가 들이 이국적인 종을 들여왔으며 그렇게 들어온 외래종 가운데 틈을 찾아 눈에 띄지 않게 번식한 종도 있다. 그러나 어떤 외래종은 침입하듯 빠르게 확산되어 자생종을 압도하고 야생 동식물과 수로에 해를 준다.

정원이나 연못에서 외래종을 키우면 근사해 보일 수는 있다. 문제는 그 외래종이 외부로 유출되는 경우가 태반이라는 점이다. 외래종 식물 씨앗과 열매가 새나 곤충, 바람, 물에 의해 멀리까지 퍼진다. 신발에 묻은 흙 속에 외래종 식물 향기가 묻어서 시골까지 퍼지기도 한다. 그러니 가능하면 자생종을 키우자. 자생종은 자생 곤충과 조류 개체군이 증가하는 데 도움을 주며 생물 다양성을 더 풍부하게 한다.

유럽연합은 매우 큰 위협이 되는 **외래종 14개**를 보유하거나 재배하고 번식시키며 운반하고 판매하고 교환하는 행위를 막고 있다. 또 의도적이든 아니든 자연환경에 못 내보내도록 하고 있다.

영국에서는 외래 침입종 문제를 해결하기 위해 매년 17억 파운드(**2조 6900억 원**)를 쓴다.

영국에서 야생 동식물과 수로에 해를 끼치는 외래종 식물 가운데 **60퍼센트**는 정원에서 퍼진 것으로 추정된다.[38]

미국의 멸종 우려종이나 멸종 위기종 가운데 **42퍼센트**는 외래 침입종 때문에 위협받고 있다고 추정된다.[39]

원예용품점에서는 법으로 금지된 종을 빼고는 침입종으로 분류된 식물도 파니, 외래종인지 자생종인지 잘 알아보고 구매하자. 텃밭에 자생종이 아닌 식물이 있다면 텃밭에서 나오기 전에 옷과 신발을 잘 털고, 이웃이나 친구에게 나누어 주지 말자. 외래종을 없애고 싶다면 키우던 정원에서 바로 퇴비로 만들거나, 다른 정원 폐기물과 함께 상업용 퇴비화 시설로 가져가자. 침입종을 책임감 있게 처리하도록 지원하는 보조금이 있는지 확인해 보고, 관련 전문 업체를 고용할 수도 있다.

나무 심기 운동에
나도 동참할 수 있을까?

권위 있는 과학자들에 따르면 기후변화가 위험한
수준을 넘지 않도록 하려면 전 지구적인 기온
상승을 섭씨 1.5도 이하로 유지해야 하며,[40]
대기 중 이산화탄소를 줄이는 가장 좋은 방법은
나무 심기라고 한다. 나무 심기 운동에 동참하는
방법이 있을까?

전 세계적으로 나무 심기 운동을 벌이면 대기 중 온실가스의 3분의 2를 제거할 수 있다.[41] 바로 시행 가능하며 비용도 감당할 만한 이 해결책에 여러 정부가 참여 의사를 밝히고 있다. 나무 심기는 대단한 기술 없이도 누구나 할 수 있으며 지구에 여러 혜택을 준다. 나무는 홍수 피해와 오염을 줄이고 야생 동식물을 폭넓게 도와주며, 자연이 더 큰 회복력을 지니게 하고 아름답게 만들어 준다.

나무 심기 활동 단체에서 자원봉사를 하고, 개인 소유 땅에 직접 나무를 심고, 농부나 토지 소유자 또는 학교에서 나무를 심도록 설득하는 것도 좋지만, 가장 좋은 방법은 지역의 식재 계획에 동참하거나 숲 보호 단체와 연계하는 것이다. 일손을 보태겠다고 나서면 환영받을 것이며, 전문가들에게 자문을 받아서 우리 지역 환경 조건에 적합한 자생종을 구입하면 나무를 잘 키울 확률을 최상으로 높일 수 있다.

세계 곳곳에 나무를 심는 원트리플랜티드(One Tree Planted)나 식목일 재단(Arbor Day Foundation) 같은 국제 비영리 단체에 기부하거나, 기금을 조성하거나, 직접 나무를 심을 수도 있다. 이때 나무를 후원하거나 특정인 이름으로 나무를 헌정하는 방법, 나무를 기부하는 방법 등으로 참여할 수 있다. 이런 참여 방식은 큰 인기를 얻고 있다. 나무 심기를 위한 모금 프로젝트인 팀트리스(#TeamTrees)는 1달러를 기부받을 때마다 나무를 한 그루씩 심겠다고 약속했다. 팀트리스는 캠페인을 시작한 지 두 달이 되기도 전에 기금을 충분히 모았고, 목표로 정한 2000만 그루를 식목일 재단과 함께 심었다. 환경에 대한 우려를 온라인 캠페인으로 성공적으로 연결 지은 좋은 사례다.

자생종 나무를 씨앗부터 키우는 방법도 있다.[42] 묘목이 식재에 적당할 만큼 키우는 데 두어 해가 걸리므로 그때까지 성장 과정을 지켜보며 재미를 느껴 보자.

직접 퇴비를 만들려면?

이탄이 들어간 원예 제품은 피하는 것이
중요하다는 사실을 알았으니 음식물 쓰레기로
퇴비를 직접 만들어 보고 싶다. 어디서부터
시작하면 될까? 퇴비에 넣어도 되는 것과
안 되는 것이 있을까?

퇴비 만드는 방법으로는 집 안 화초나 허브에 커피 찌꺼기 뿌리기, 흙 속에 과일과 채소 껍질을 묻기, 오븐에서 건조한 달걀 껍데기를 잘게 부숴서 식물에 뿌리는 방법 등이 있다.

실외에 남는 공간이 조금 있다면 음식물 쓰레기를 한 장소에 쌓고 6~12개월 동안 분해되도록 두자. 속도를 더하려면 두어 달에 한 번씩 퇴비 더미를 뒤집어서 공기가 들어가게 하면 좋은데, 그것 말고는 알아서 분해되도록 그냥 두면 된다. 울타리를 두른 구조물을 활용하거나 이따금 퇴비에서 물기를 빼도 좋다. 악취를 막으려면 구멍이 몇 개 뚫린 통이나 아래쪽에 수도꼭지가 달린 통을 쓰면 된다. 오래된 융단이나 방수포로 덮으면 흠뻑 젖지는 않게 하면서 습기를 유지할 수 있다(실내에서도 퇴비를 만들 수 있는데, 그러려면 생물 반응 장치나 지렁이 상자[43]가 필요하지만 기본 방법은 같다).

유기물 쓰레기를 잘 혼합해야 최상의 결과를 얻을 수 있다. 음식물 쓰레기를 모으고 정원 쓰레기를 적당량 더하자. 정원 쓰레기를 조금 더하는 것보다는 상당량 넣어야 좋지만, 자칫 퇴비 더미가 너무 커질 수 있으니 유의하자. 잘게 찢은 신문지, 인쇄 안 된 판지, 채식 동물 (햄스터, 토끼, 새)의 우리에 깔았던 깔개나 배설물, 티백과 커피 찌꺼기, 과일과 채소 껍질, 잘라낸 식물과 낙엽 따위를 넣을 수도 있다.

하지만 조리된 음식이나 석탄재, 고기나 생선 뼈, 고양이나 개 또는 사람의 배설물, 기저귀, 광택지, 잡초, 나무줄기, 병든 식물은 퇴비에 넣지 말자. 퇴비 속 온도는 종자와 병균을 죽일 수 있을 만큼 높지 않아서 잡초나 병든 식물을 넣으면 잡초 종자와 병원균이 번성한다.

퇴비가 비옥한 흙처럼 짙은 색이 되고 만졌을 때 잘게 부서진다면 쓸 수 있다. 직접 만든 퇴비는 토양의 유기물과 조직을 풍성하게 해 준다.

정원 없이도
먹거리를 재배할 수 있을까?

내가 먹는 과일과 채소의 이동 거리를 줄이고,
그 먹거리가 어떻게 재배되는지도 제대로 알고
싶다. 정원 없이도 내가 먹을 것을 직접 키우고
수확하는 즐거움을 누릴 수 있을까?

먹거리를 재배하는 데 꼭 정원이 필요한 것은 아니다. 창턱이나 베란다, 옥상에서도 얼마나 많이 키울 수 있는지 알면 놀랄 것이다. 화분 몇 개(플라스틱 음식물 용기나 깡통을 재사용하거나, 토기나 생분해성 용기를 사용하면 좋다), 텃밭 상자, 모종삽, 갈퀴, 이탄 없는 퇴비(→ 46쪽), 씨앗 몇 종류만 있으면 된다.

바질, 오레가노, 타임, 민트, 세이지, 파슬리처럼 요리에 향을 더해 주는 허브부터 키우기 시작해 보자. 허브는 해가 잘 드는 창가에서 잘 자라며, 집 안에 좋은 향을 더해 준다.[44] 그다음으로는 샐러드용 잎채소와 새싹 채소(겨자, 비트, 해바라기, 브로콜리, 메밀 같은 식용 식물의 싹)가 좁은 공간에서 키우기 좋다. 잎채소를 필요한 만큼 뿌리 바로 위에서 잘라 먹으면 계속 자랄 것이다. 새싹 채소는 빨리 자라며 영양가도 높다.[45]

뭔가를 키우는 습관이 들고 나면 큰 화분에 더 천천히 자라는 채소를 키워 볼 수 있다. 토마토, 고추, 녹두, 파는 어떨까? 몇 가지 채소를 먼저 시도해 보면서 어떤 식물이 여러분에게, 여러분 공간에 잘 맞는지 찾자. 채소를 사서 먹고 남은 부분부터 다시 키워도 되는데, 파나 샐러리, 마늘, 생강, 상추, 피망, 딸기, 울금 같은 다양한 채소를 심을 수 있다.[46]

창의적으로 공간을 활용해 보자. 천장에 거는 화분이나 주머니형 버티컬 화분을 쓰면 수직 공간을 활용해서 재배 공간을 늘릴 수 있다. 햇빛이 너무 많이 든다면 천 가림막으로 막거나, 반대 경우라면 거울을 설치해서 빛을 더 많이 들일 수 있다.

일단 재배에 재미를 붙였다면 어딘가에 텃밭을 빌릴 수도 있다. 장소가 떨어져 있다 뿐이지 정원을 가꾸는 일과 다르지 않다.

야생에 해를 주지 않는 법은?

우리 인간은 어디를 가든지 자연의 일부를
손상시키고 파괴하는 존재 같다. 시골에 가거나
야외에서 자연을 즐기고 싶지만, 우리가 지구에
미치는 영향을 생각하면 야외로 나가기가 주저된다.

우리의 건강을 위해서도 자연에 나가는 것은 매우 중요하다.[47] 또 자연에서 시간을 더 많이 보낼수록 야생 동식물을 더 많이 이해하고 소중히 여기게 된다. 다만 아이들이나 반려동물과 함께 야외로 나갈 때는 몇 가지 간단한 규칙들을 숙지해야 한다.

우리는 시골을 보호할 책임이 있다. '사진만 가져가고 발자국만 남긴다'로 깔끔하게 요약되는, 신중하게 다니고 흔적을 남기지 않는다는 큰 원칙만 지키면 대부분 문제가 없다.[48] 이는 식물, 바위, 나무를 포함해 우리가 보고 느끼는 모든 자연의 일부를 해치거나 없애지 않는다는 뜻이다. 제아무리 작은 것이라도 야생 동식물의 보금자리이며 생태계의 필수 요소다. 돌 하나, 통나무 하나만 움직여 봐도 알 수 있다. 작은 동물이나 곤충의 집을 건드렸음을 바로 깨달을 수 있기 때문이다. 그럴 땐 돌이나 나무를 살며시 제자리에 놓자.

밖에서 먹고 남은 음식과 포장재는 집으로 도로 가져가서 책임감 있게 처리하자. 쓰레기는 보기에 나쁠뿐더러 야생 동식물을 다치게 하거나 해를 끼칠 수 있다. 가리개 없이 불을 피우지 말고, 담뱃불을 제대로 껐는지 확인하자. 작은 불씨 하나가 자연과 우리 자산을 송두리째 파괴할 수 있음을 기억하자.

정해진 길을 벗어나는 것이 허용되지 않는 곳에서는 경로를 이탈하지 말자. 그래야 야생의 장소가 지나치게 닳지 않도록 지키고, 땅에 둥지를 트는 새나 번식 중인 야생 동물을 방해하지 않을 수 있다 (특히 반려견을 데리고 나가면 더 주의해야 한다). 야생 동물을 본다면 거리를 지키자. 멀리서 조용히 지켜보고 동물의 퇴로를 막지 말자. 물개가 바다로 가는 길, 사슴이 울타리 없는 숲으로 들어가는 길 같은 곳을 막아선 안 된다.

아무 데나 버려진 쓰레기, 줍는 것만이 답일까?

버려진 쓰레기는 미관상으로도 나쁘지만
야생 동식물에 해로우며 생분해되지 않는 쓰레기는
결국 수로를 오염시킨다. 쓰레기를 줍는 일에는
비용도 많이 드는데, 이것 말고 쓰레기를 안전하게
처리하는 방법이 있을까?

바깥을 청소할 때 가장 흔히 보이는 쓰레기는 패스트푸드 포장재다. 그런 포장재는 배고픈 동물을 유인한다. 동물들은 봉투, 컵, 캔, 병 안에 들어가서 갇히거나, 포장지와 봉투를 먹으려다가 질식하기도 한다. 또 버려진 풍선, 캔 묶음 포장재, 고무줄, 낚시 도구에 얽혀서 벗어나려고 애쓰다가 부상을 입거나, 깨진 유리병 때문에 다치기도 한다. 그러니 여러분이 만든 쓰레기는 책임지고 제대로 버리자. 비닐봉지는 열리지 않게 단단히 묶고, 풍선은 바람을 빼고, 고무줄과 캔 묶음 포장재는 자르는 등 간단한 처리만 해도 야생 동물이 겪을 위험을 줄일 수 있다.

영국의 주요 동물 자선 단체들(RSPCA)은 쓰레기 때문에 부상당한 야생 동물을 신고하는 전화를 매년 **5000건**씩 받는다.[49]

매년 쓰레기 **약 90억 톤**이 바다로 유입된다.

호주 바닷새 **43퍼센트** 배 속에 플라스틱이 있다고 추정된다.[50]

미국에서는 매년 바깥 청소에 115억 달러(**13만 6000억 원**)가 든다.[51]

쓰레기 줍기를 먼저 실천해 보자. 혼자서 하거나 모임에 참여할 수도 있고, 동네에서 직접 쓰레기 줍는 모임을 조직할 수도 있다. 지방 관청에서 필요한 장비를 빌려주는 경우가 많으니 알아보자. 직접 행동하면 무엇보다 스스로 만족스러울 것이다.

사람들이 쓰레기를 아무데나 버리는 주된 이유는, 눈에 띄는 쓰레기통이 없고 애써 쓰레기통을 찾기 귀찮기 때문이다. 그러니 쓰레기가 많이 버려지는 구역에 재활용 수거함과 쓰레기통을 잘 보이게 설치해 달라고 지방 의회에 건의하자. 대개 포장재에는 상표가 적혀 있다. 쓰레기를 주우면 어디에서 나왔는지 확인한 다음 그 매장을 찾아가 포장재를 줄이고, 재활용 쓰레기통 설치하며, 쓰레기 투기를 금하는 캠페인을 하라고 요구하자. '생산자 책임 재활용 제도'에 따라 포장재 생산자의 책임은 재활용 단계까지 확대되었으니 주운 포장재 쓰레기를 그 회사들에 돌려주자.

반려견 배설물이
보건 위생 문제를 일으키지
않게 하려면?

개 배설물은 더러울 뿐만 아니라 환경을 오염시킨다.
개 배설물에 있는 균은 자연 생태계의 균형을
깨뜨린다. 또 박테리아, 기생충, 다른 질병 매개체가
빗물에 씻겨 수로로 들어가서 야생 동식물뿐 아니라
가축과 사람도 위험할 수 있다.[52]

해결책은 명백하며, 법으로 지정된 곳도 많다. 도시의 모든 공간, 개가 자주 산책하는 구역, 가축을 방목하는 땅에서[53] 개 배설물을 주워 봉지에 담아 쓰레기통에 버리거나 집으로 가져가 책임지고 버려야 한다. 연구 결과에 따르면 자연 생태계가 감당할 수 있는 오염 물질의 양은 2.5제곱킬로미터 면적당 하루에 개 두 마리 배설물 정도다.[54]

전 세계에는 개가 아주 많은데 그 추정치는 다음과 같다.

영국 잉글랜드와 웨일스
약 800만 마리
유럽연합(영국 제외)
7600만 마리
미국 **7700만 마리**

평균적으로 개 한 마리의 하루 배설물 양은 **340그램**이다. 개 100마리의 2-3일분 배설물 속 박테리아 양은 해수욕장 하나를 폐쇄할 만큼 많다.

개 배설물을 비닐봉지에 담은 다음에 땅에 버리거나 나무에 걸거나 덤불 밑으로 던지고 싶은 유혹에 넘어가지 말자. 그렇게 하는 것은 아주 오래 남을 플라스틱 껍질로 감싼 똥 폭탄을 만드는 일이나 다름없다. 생분해성 봉지라 해도 3년이 지나도록 잔존할 수 있으며, 퇴비화 가능한 봉지는 1년 이상 간다.[55]

기본 원칙은 이렇다. 도시 지역, 가축을 방목하는 땅, 개와 산책하는 사람들에게 인기 있는 장소에서는 항상 개 배설물을 치운다. 인적이 드문 지역에서는 개의 배설물을 완전히 땅에 묻어서 지역의 수로와 야생 동식물에 초래할 위험을 최소화하는 것이 가장 좋다.

- -

알아 두면 좋은 상식

● 공공장소와 가축 방목지에서 개 배설물은 심각한 위험 요소다. 개 배설물 속 기생충이 유발하는 네오스포라 병은 영국 암소가 진단받은 낙태 원인 가운데 가장 흔한 원인이다.

● 특히 수로 근처는 반드시 깨끗하게 해야 한다. 미국에서 9.4킬로미터 길이의 강을 조사했는데, DNA 검사 결과 물속에서 검출 가능한 박테리아 가운데 42퍼센트가 개한테서 나온 것으로 확인되었다. 조사 당시 그 강의 집수 구역에는 개 1만 1400마리가 살고 있었다.[56]

어떤 교통수단을 선택하느냐는 우리가 지구에
미치는 영향을 줄이기 위해 할 수 있는 가장 중요한
결정 가운데 하나다.

우리는 문을 나서서 목적지까지 갈 때마다 이동
방법을 선택한다. 어떤 선택을 하느냐에 따라
기후변화와 대기 오염을 크게 악화시킬 수도, 덜할
수도 있다. 하지만 선택이 항상 간단치만은 않다.
교통 기반 시설이 탄소 배출과 대기 오염을 줄이는
변화를 일으키기 쉽도록, 아니면 최소한 그런
변화가 일어날 수 있도록 발전해 온 것은 아니기
때문이다. 그러나 우리는 일상적으로 가까운 곳으로
이동할 때 주변 환경을 나아지게 할 의식 있는 결정을
내릴 수 있다. 장거리 이동은 대부분 개인의 결정에
달려 있다. 그러니 여행 기회가 있을 때마다 여행
동기가 무엇인지, 정말 해야 하는지 자문해 봐야
한다. 가능한 한 여행을 줄이거나 합치는 편이 좋다.
이제는 어려운 선택을 해야 할 때다.

3. 이동할 때

탄소 배출을 줄이기 위해
나은 이동 수단은 무엇일까?

매년 우리는 더 많이 이동하고 있고, 그에 필요한
에너지 대부분을 여전히 화석 연료에서 얻는다.
우리가 어떤 이동 수단을 선택하느냐에 따라
기후변화에 미칠 영향이 상당 부분 결정된다.

어딘가로 이동하기 전 이렇게 자문해 보자. 정말 그곳에 가야 하는가? 꼭 가야 한다면, 탄소 배출량을 중심으로 선택 가능한 안을 생각해 보자.

　최선의 선택지는 이동 거리나 목적에 따라 다르다. 지역 내 이동이라면 당연히 걷거나 자전거를 타거나 버스나 지하철 같은 대중교통을 이용하는 편이 낫다. 다른 도시로 이동할 때도 되도록 버스나 기차를 타자. 차를 타야 한다면 함께 탈 사람이 있는지 찾아보자(승차 가능 인원이 다 타면 1인당 탄소 배출량은 국내 철도 여행과 비슷하다). 기차의 탄소 배출량은 승객 수(붐비는 통근 열차는 한산할 때보다 승객 1인당 배출량이 낮다)나 동력 종류에 따라 다른데, 경유 열차보다는 장거리 버스가 낫다.

교통은 미국에서 가장 큰 탄소 배출원이며,[58] 영국 가정의 평균 탄소 발자국 가운데 34퍼센트를 차지한다. 승객 한 명의 킬로미터당 이산화탄소 배출량은 다음과 같다.

국내 항공편 133그램*
장거리 항공편 102그램*
일반적인 경유차(1인 탑승) 171그램
버스 104그램
일반적인 경유차(4인 탑승) 43그램
국내선 철도(경유와 전기 혼합) 41그램
장거리 버스 27그램
국제선 철도(고효율의 전기 철도) 6그램[59]

*탄소 이외 가스 배출로 인한 높은 고도에서의 이차적 영향 제외.

　해외여행을 갈 때 항공편이 유일한 선택지가 아닐 수도 있다. 기차를 타거나, 여럿이 함께 차를 타면 어떨까? 예를 들어 자동차에 두 명 이상 타면 런던에서 마드리드 정도 되는 꽤 장거리라도 비행기를 탈 때보다 탄소 배출량이 적다. 기차는 비행기보다 언제나 낮지만, 얼마나 나은지는 사용하는 연료 및 에너지원에 따라 다르다. 예를 들어 경유 열차의 배출량은 전기 열차보다 두 배도 될 수 있는데, 이는 전력 생산 방식에 따라 다르다. 프랑스에서는 전력의 75퍼센트를 탄소를 거의 배출하지 않는 원자력으로 생산하는 반면, 폴란드에서는 탄소를 훨씬 많이 배출하는 석탄으로 전력을 대부분 생산한다.[57]

비행기를 타야만 한다면?

2018년 항공 산업은 전체 탄소 배출량에서
2퍼센트를 차지했다. 그러나 다른 분야에서
배출량을 줄이고 있어서 2050년 무렵에는
항공 산업 비중이 25퍼센트까지 오를 수 있다.[60]
비행기를 꼭 이용해야 한다면 배출량을 줄일
방법이 있을까?

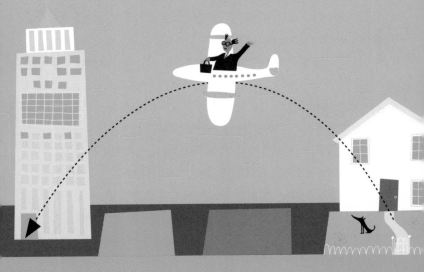

먼저 경유 항공편보다는 직항이 낫다. 비행 중일 때보다 이륙할 때 연료를 더 많이 소모하므로 단거리 항공편의 킬로미터당 탄소 배출량이 장거리보다 더 많다(→). 공항까지 이동할 때는 택시나 자가용보다는 공항버스나 기차로 이동하고, 짐을 최대한 줄이자. 비행기가 가벼울수록 연료를 덜 쓰므로 배출량도 줄어든다. 이코노미석을 이용하자. 비즈니스석 및 일등석 승객은 더 많은 공

한 사람이 이동한 거리 1킬로미터당 이산화탄소 배출량을 보면 우리가 선택한 항공편이 미치는 영향을 가늠해 볼 수 있다.

단거리 항공편 **133그램**
장거리 항공편 이코노미석
102그램
장거리 항공편 비즈니스석
306그램
장거리 항공편 일등석
408그램

간을 차지하므로 1인당 배출량이 이코노미석보다 각각 세 배, 네 배 높다(↗). 항공사들은 단거리 비행기 내 비즈니스석과 일등석을 없애는 방안을 고려하고 있으니, 소비자 압력이 더해지면 도움이 될 것이다.

세계 각지 환경 프로젝트에 투자해서 여러분이 항공 여행으로 환경에 미치는 영향을 상쇄하는 방법도 생각해 볼 수 있다(그러나 탄소 상쇄는 궁극적으로 해결해야 하는 더 깊은 구조적인 문제를 다루지 않으므로 논란의 여지가 있다. 많은 단체가 주장하는 만큼 실제로 탄소 절감 효과가 있는지는 입증되지 않았으며, 비효율성을 분석한 보고서들에 따르면 기부금 가운데 겨우 30퍼센트만 실제 프로젝트에 사용한다고 추정된다). 탄소 배출량을 줄이고 사회적 윤리를 지키기 위해 유엔의 인증 웹사이트[61]를 통해 '골드 스탠다드'[62][비영리 기구들이 만든 단체로 기후 및 개발 관련 활동의 영향력을 수량화하고 증명하는 기준을 수립한다 - 옮긴이] 기준에 부합하는 탄소 상쇄 방법을 찾아보자. 정부가 기후 관련 공약을 지키도록 압력을 넣거나, 갈수록 더 많이 일어나는 허리케인이나 홍수 같은 기후 재난 피해자를 지원하는 자선 단체에 기부하는 것도 좋은 방법이다.

전기 자동차로 바꾸면
실제로 도움이 될까?

우리는 휘발유차와 경유차 모두 탄소 발자국이
엄청나게 크다는 것을 알고 있다. 전기차를
굴리려면 전기를 써야 하고, 배터리에 희토류
금속이 필요한 데도 전기차로 바꾸는 편이
더 이로울까?

석유를 퍼마시는 차량에 그만 의존해야 한다는 점에는 두말할 여지가 없다. 차량이 배출하는 탄소 가운데 약 3분의 1은 제조 과정에서, 나머지는 연료를 쓸 때 나온다. 배기가스 가운데 지름 2.5마이크로미터 이하 초미세 입자와 아산화질소는 우리 건강에 직접적으로 영향을 준다. 이러한 오염 물질은 며칠에서 몇 주까지 대기에 머무른다. 경유차는 휘발유차보다 탄소 배출량이 적지만, 미세 입자를 더 많이 배출하며 아산화질소 배출량은 휘발유차보다 열다섯 배 높다. 반면 전기차는 차를 사용하는 동안 배기가스를 배출하지 않는다.

전 세계 조기 사망 **380만 건**이 대기 오염 때문에 일어난다.[65]

영국에서는 자동차 배기가스로 인해 조기 사망 **8900건**이 발생하는데 이는 교통사고 사망자 수의 다섯 배에 달한다.[66]

1.6킬로미터 길이까지 정체된 경유차들은 사람들 수명을 약 **12분** 단축시킨다. 같은 조건에서 휘발유차는 **3.5분**, 전기차는 **30초**를 단축시킨다.[67]

그러나 현재로서는 전기차로 바꿔도 기대만큼 탄소 균형에 도움이 되지는 않는다. 재생 가능한 에너지로 생성된 전력은 아직 전력 수요를 모두 충족시키기에 부족하기 때문이다. 재생 가능한 에너지로만 만들어지는 전력 공급 업체를 통해 전기차를 충전한다면 다른 사람들은 화석 연료로 생산한 전력을 사용해야 한다는 뜻이다.

또 모든 엔진에는 희소 금속이 필요하다. 예를 들어 모터 자석에는 네오디뮴, 배터리에 리튬, 코발트, 니켈, 구리 등이 쓰인다.[63] 금속을 채굴할 때 땅을 파헤치니 환경에는 당연히 악영향을 준다. 테슬라는 2050년 무렵이면 이 금속들의 전 세계적 품귀 현상이 일어날 것으로 예측하고 있다.[64] 우리가 재생 가능한 에너지로 차츰 바꾸는 동안 전기차 효율이 더 오르고 화석 연료 자동차는 수명을 다해 탄소 균형 측면에서 전기차가 더 나은 시점이 올 것이다.

자동차 대신 자전거를 타면
유의미한 효과가 있을까?

특히 도시에서는 자동차를 타는 것이
가장 손쉬운 방법처럼 보일 때가 많다.
자전거를 타면 정말 뭔가 달라질까?

자동차 대신 자전거를 타면 건강과 환경에 도움이 된다. 기존 페달 자전거는 최경량 자동차와 비교해도 무게가 약 10분의 1에 지나지 않으므로 제조, 수리, 폐기에 소요되는 에너지와 원자재가 훨씬 적다. 자전거를 타면 몸의 칼로리를 태우는 에너지만 사용하니 화석 연료 사용과 온실가스 배출을 줄일 수 있다. 자동차로 출퇴근하는 대신 매일 10킬로미터를 자전거로 출퇴근하면 온실가스 배출을 연간 1500킬로그램 줄일 수 있다.[68] 자전거는 미세 입자나 아산화질소를 전혀 배출하지 않으니 대기 오염도 일으키지 않는다.

자동차 대신 자전거를 타면 건강은 물론 인생도 바꿀 수 있다. 오늘날 우리는 지나치게 많이 앉아서 생활한다. 하지만 매일 편도 15분씩 자전거를 타기만 해도 세계보건기구(WHO)의 권장 운동 목표를 달성할 수 있다. 주차 공간을 찾고 주차비를 내느라 스트레스 받을 일도 없고, 해방감과 자연에 연결된 감정을 느낄 수 있으니 충분히 이득이다.

재정적으로도 도움이 된다. 자전거에 드는 비용은 자동차 구입과 유지비의 1퍼센트에 지나지 않는다. 10킬로미터를 자전거로 출퇴근하면 유지비와 감가상각비를 상당히 절약할 수 있다.

전기 자전거도 고려해 보자. 전기 자전거는 페달 자전거로는 가기 어려운 거리를 이동할 때 탄소 배출량을 줄일 수 있는 방법이다. 전기 자전거는 소형 전기 자동차보다 훨씬 더 효율적이어서 같은 양의 에너지로 스무 배 더 멀리 이동할 수 있다.[69] 그렇다고 일부러 페달 자전거를 처분하고 전기 자전거로 바꿀 필요는 없다. 전기 자동차처럼 배터리와 자석에 희소 금속이 사용되며, 경제적인 면이나 건강과 웰빙 측면에서도 페달 자전거보다 혜택이 적기 때문이다.

자가용을 타야만 한다면?

되도록 자전거나 대중교통을 이용한다고 해도
자가용이 꼭 필요할 때가 있다. 자가용을 이용할 때
배출량을 줄이기 위해 할 수 있는 방법이 있을까?

자가용을 바꿀 때는 되도록 작고 가장 연료 효율이 높은 차량을 고려하자. 자동차 연비를 나타내는 수치를 확인하자. 전기차라도 차종마다 탄소 효율이 크게 다르다. 정말 필요한 경우가 아니라면 사륜구동은 사지 말자. 또 차에 큰 짐칸이 얼마나 자주 필요할지도 자문해 보자. 필요할 때만 후면 장착형 거치대나 화물 선반으로 화물 공간을 추가할 수 있지 않을까? 후방 장착형 거치대는 지붕에 올리는 화물 상자나 선반보다 더 나은 선택지다(↓). 더 싸고 공기역학 면에서도 연료 효율이 더 좋다. 사용하지 않을 때는 거치대나 선반을 빼 두자.

운전 습관도 생각해 보자. 더 천천히 운전하고 급가속이나 급제동은 피하자. 가능한 한 최단 경로로 운전하고, 볼일을 한꺼번에 처리하여 전체 이동 거리를 줄이자. 차가운 엔진은 따뜻한 엔진보다 연료 효율이 낮으니 짧게 여러 번 외출하기보다 한 번 나갔을 때 일을 모두 처리하자. 공회전을 줄이자. 시동을 다시 거는 데 드는 연료는 약 10초 동안 엔진을 돌리는 정도니, 10초보다 오래 정차할 때는 시동을 끄자. 마지막으로 자동차가 가벼울수록 연료를 덜 사용할 수 있으니 무엇을 가져갈지 잘 생각해 보고 습관적으로 싣고 다니는 불필요한 수하물을 줄이자. 다른 사람을 차에 태워서 혼자 이동하는 경우를 줄이고 차량 공유 서비스를 활용해 여정을 공유하면 더 좋다.

- -

알아 두면 좋은 상식

● 타이어에 공기압이 부족한 경우, 압력이 1제곱인치당파운드(psi) 떨어질 때마다 연비는 약 0.2퍼센트 낮아진다. 차량에 맞는 엔진오일을 사용하고 엔진을 정비해 잘 작동하도록 하면 연료 효율을 4퍼센트까지 높일 수 있으며, 심각한 결함을 수리하면 40퍼센트까지 높일 수 있다.[70]

● 급가속이나 급제동을 하면 연비가 정체가 없는 도로에서는 15~30퍼센트, 정체 도로에서는 10~40퍼센트까지 떨어진다.[71]

● 차량 지붕용 화물 상자를 사용하면 정체가 없는 도로에서 연비 감소가 최대 17퍼센트인 반면, 후방 장착용 상자를 사용하면 최대 5퍼센트다.[72]

우리는 너무 바쁜 일상에서 벗어나
긴장과 스트레스를 내려놓고 근심 걱정을
잊어버리기를 갈망한다.

휴가는 긴장을 풀고 가족이나 친구들과 가까워지는
기회이자, 시야를 넓히고 새로운 문화와 야생
동식물과 풍경을 경험하는 기회가 될 수 있다.
그러나 쉬는 시간이라고 해서 책임까지 모두
제쳐두어서는 안 된다. 그건 변명거리가
될 수 없다. 그저 소비하고 착취하는 대신,
여행지에서 더 많은 것을 성취해 보자.
책임감 있는 여행자가 되자. 마음을 가다듬고
시야를 넓히되 우리가 여행지에서 미치는 영향이
얼마나 큰지 생각해 보는 것도 잊지 말자.

국내에서든 해외에서든, 우리는 모두 세상에 흔적을
가능한 한 남기지 않고 후세에게 더 나은 상태로
물려줘야 한다.

4. 휴가 가서

어떻게 하면 환경을 생각하는 여행자가 될 수 있을까?

일상의 스트레스와 긴장에서 벗어나 쉬기 위해 휴가를 갈 때 책임감 있는 여행자가 되고 싶다. 어떻게 하면 휴가지에서도 환경 비용을 줄일 수 있을까?

역사적으로 관광은 인기 여행지의 자연 자원과 문화 자원을 남용하는 착취의 성격을 지니고 있었지만, 우리에게는 새로운 장소에 가서 다양한 자연 서식지와 야생 동식물, 문화를 경험하고 싶은 욕구가 있다. 우리는 여행하면서 관광업에 의존하는 지역 사회를 지원하여 자연과 야생 동식물을 보호하도록 도울 수 있다.

여행 시기와 목적지를 정할 때 과잉 관광(→ 84쪽)이 되지 않도록 하자. 현지인들처럼 지내며 섞여 들겠다는 다짐을 하자. 익숙한 수입 브랜드 상품 대신 지역 제철 농산물을 맛보고, 현지에서 만든 맥주와 음료를 마시자. 대중교통을 타면 새로운 경험을 하고 지역 사회와 문화를 더 많이 이해할 수 있으며, 지역 경제를 지원하고 탄소 배출량은 물론 비용도 줄일 수 있다.

관광객 유입으로 발생하는 쓰레기는 지역 사회에 큰 부담이니, 재활용 가능한 가방과 물병을 갖고 다니며 집에서처럼 쓰레기를 줄이자. 해당 지역 재활용과 폐기물 관리 체계를 따르려고 노력하자.

야생 동식물을 체험하는 장소나 '보호 구역'에 간다면 서식지 보호 및 동물 복지 관련 인증서를 확인해 보자. 환경 인플루언서로 활동하는 가장 영향력 있는 방법은 온라인 후기를 쓰는 것이다. 기업은 사이트 후기를 크게 의식하므로, 환경 문제에 기업이 어떻게 대응하는지에 대해 고객들이 민감하게 반응한다는 사실을 알면 그에 맞춰 대응할 것이다.

휴가지에서도 집에서와 같은 수준으로 꼼꼼하게 살펴보고, 환경 및 사회 윤리 원칙을 똑같이 지키자. 여러분이 바라는 만큼 지속 가능한 여행을 하도록 지역 특성과 문화를 감안하여 현지인과 여행자 들이 어떤 실천을 하고 있는지 눈여겨보자. 지속 가능한 관광 산업 역시 빠르게 성장하고 있으니 여행 상품이나 숙박 시설을 찾을 때 도움이 필요하다면 신뢰할 만한 여행사를 찾아보자.

여행 갈 때 짐을
어떻게 챙겨야 할까?

여행하고 휴가를 떠나는 것은 새로운 문화와
아름다운 환경을 즐기고 시야를 열 수 있는
훌륭한 기회다. 그런데 여행 가방에 일회용
플라스틱 제품이 잔뜩 들어 있는 건 아닐까?
가볍게 여행하기 위해 좋은 요령이 있을까?

환경을 위한 기본 원칙인 '적을수록 좋다'는 여행 짐을 꾸릴 때도 적용된다. 필요한 물건을 다 챙겨 가지 않고 여행지에서 사면 지역 경제를 돕고 새로운 경험을 할 수도 있다.

여행지에서도 플라스틱을 덜 쓰고 쓰레기를 줄일 간단한 방법이 있다. 짐을 챙길 때 옷과 신발 같은 여행용품을 천 주머니나 방수 주머니에 분리해 넣으면 가방 안도 잘 정리되고 물건을 찾기도 쉽다. 여행지에 도착해서 짐을 풀고 나면 물건을 넣어 왔던 주머니를 소지품이나 새로 산 기념품을 담거나 그날 갈아입을 옷이나 빨래를 담을 때 쓸 수 있다. 그럼 따로 비닐봉지를 쓸 필요가 없다.

고체형 샴푸와 컨디셔너, 비누를 쓰면 일회용 플라스틱 병 사용을 줄일 수 있으며, 부피가 더 작아서 가방에서도 자리를 덜 차지한다. 또 밀랍랩[다회용 랩으로, 제로웨이스트 숍에서 구입할 수 있다-옮긴이]을 가져가면 간식거리를 챙기고 싶을 때 플라스틱 통이나 비닐봉지 대신 사용하기 좋다.

수질이 걱정되어 여행지에서 페트병 생수를 사 마시는 사람이 많다. 4인 가족이 2주 동안 여행한다면 물 수십 병을 사게 되겠지만, 집에서처럼 재활용을 열심히 하긴 어렵다. 재사용 물병을 챙겨간 다음 물을 큰 용량으로 사서 덜어 마시자. 더 좋은 방법은 정수 필터가 있는 병을 가져가서 플라스틱 병에 든 물을 아예 사지 않는 것이다. 필터는 담수에서 바이러스, 세균 같은 미생물 오염원과 화학 물질 및 중금속을 99.9퍼센트 이상 제거할 수 있다. 또 일회용 종이컵 대신 쓸 뜨거운 음료를 담을 재사용 컵이나 병을 챙기는 것도 잊지 말자.

빨리 마르는 수건을 가져가면 일반 수건보다 부피가 작아서 가방에 쉽게 넣고 다니며 깔개, 스카프, 해변에서 두르는 용도나 햇빛을 가리는 용도로 쓸 수 있다. 빨리 마르니 젖은 수건을 여행 가방에 넣을 일도 없고, 숙소에서 세탁해야 하는 수건 양도 줄일 수 있다.

과잉 관광 문제에
일조하지 않으려면?

인기 있는 몇몇 유럽 도시에서는 주민들이
관광객을 반대하는 운동을 벌이고,
태국과 필리핀 일부 섬에서는 일정 기간
관광객 출입 금지 조치를 내리기도 했다.
멋진 여행지에 가면서도 과잉 관광을
심화시키지 않을 수 있을까?

아름다운 도시와 섬 들이 지나치게 많은 관광객 때문에 고통받고 있다. 유럽연합 보고서에 따르면[73] 여행지 약 105곳에서 이런 문제를 겪고 있다고 하는데, 이는 파리와 암스테르담부터 앙코르와트와 이스터섬에 이르기까지 전 세계적인 문제다. 문제는 관광 산업이 편중되어 있다는 데 있다. 전 세계 관광객 가운데 절반이 가장 인기 있는 여행지 10곳을 방문하고 있고, 매년 작고 외딴 이스터섬을 찾는 방문객이 방글라데시 전체 방문객보다 더 많다.

전 세계적으로 중산층이 확대되고, 휴학생과 여유를 즐기는 은퇴 연령층이 늘면서 관광객 수가 급증했다. 저가 항공과 크루즈 여행 상품도 많고, 여행에 대한 입맛을 돋우고 호기심을 일으키는 인터넷의 발달도 크게 영향을 주었다. 또 많은 밀레니얼 세대[1980년대 초부터 2000년대 초까지 태어난 세대. 태어나면서부터 디지털 기기를 사용해 IT 기술과 소셜 미디어에 익숙하며, 2008년 금융 위기 이후 사회에 진출해서 고용 감소 문제를 경험한 것이 특징이다 - 옮긴이]가 소유보다 경험에 돈을 쓰기를 선호하는 경향이 있다.

인기 관광지 방문자 수가 야기하는 주된 문제점으로는 다섯 가지를 꼽을 수 있다. 지역 주민 소외, 관광 경험 저하, 지역 기반 시설의 과부하, 천연자원 손상, 지역 문화 및 유산 훼손이다.

사람들이 많이 안 다니는 곳을 여행하면 어떨까? 여행 트렌드를 무작정 따라가지 말고 상상력을 발휘하면 독특한 경험을 할 수 있다.

인기 있는 명소에 갈 때는 성수기를 피해서 여행해 보자. 그러는 편이 그 여행지를 위해서도, 여러분에게도 좋다. 비성수기에는 일반적으로 더 저렴하며, 셀카봉으로 눈을 찌르는 관광객 무리 사이를 헤매지 않고 다닐 필요도 없고, 현지인들에게 환영받을 수 있다.

수중 생물에게 무해한
자외선 차단제가 있을까?

햇빛에서 피부를 보호하기 위해 만든 자외선
차단제에는 유해한 화학 물질이 들어 있으며
이는 강과 바다로 유입된다. 해수 온도 상승,
개발과 오염 때문에 이미 위협받고 있는 산호초가
그런 화학 물질에 특히 취약하다. 수중 생물에게
해를 끼치지 않으면서 내 피부를 보호할 대안이
있을까?

인간의 피부를 보호하는 대가를 환경이 치러야만 하는 것은 아니다. 유해 화학 물질이 포함된 자외선 차단제는 미국 하와이나 플로리다 키웨스트의 인기 여행지와 세계 7대 자연경관(New Seven Wonders of Nature)으로 꼽힌 필리핀 푸에르토프린세사 지하강 국립공원에서 금지되었다. 그들은 옥시벤존이 함유된 제품 사용을 금지하고 있으며, 이런 금지 조항은 다른 지역으로도 확산될 가능성이 크다.

수영할 때는 래시가드나 긴팔 수영복을 입고, 해변에 있을 때는 몸을 가리고, 모자를 쓰고, 그늘에 머무르면 자외선 차단제 사용량을 줄이면서도 충분히 피부를 보호할 수 있다.

해마다 자외선 차단제 **약 1만 4000톤**이 수영하거나 샤워할 때 씻겨 내려가 산호초에 영향을 미친다.[74] 미국 하이레티쿠스 환경 연구소(Haereticus Environmental Laboratory)에서 발표한 오염의 원인인 화학 물질은 다음과 같다.

- 구슬형 미세플라스틱
- 산화아연이나 산화타이타늄 같은 나노 입자
- 옥시벤존
- 옥티녹세이트
- 4-메틸벤질리덴캠퍼
- 옥토크릴렌
- 파라아미노벤조산(PABA)
- 메틸/에틸/프로필/부틸/벤질 파라벤
- 트리클로산(TCS)[75]

자외선 차단제 가운데서는 쉽게 물에 씻기는 스프레이보다 더 오래 지속되는 크림 형태 제품이 환경에 영향을 덜 미친다. 산호초를 파괴하는 것으로 알려진 화학 성분(↗)이 없는 제품을 고르자. 생분해성 자외선 차단제는 여전히 산호초를 손상시킬 수 있으니 주의하자.

선탠 효과를 내는 가짜 선탠 로션, 다른 자외선 차단 기능 제품에도 이 화학 물질들이 들어갔을 수 있다. 모든 화장품 성분을 전부 다 확인해서 피하도록 노력하자. 피부암은 심각한 문제니 어떤 방법으로든 햇빛으로부터 피부를 보호해야 한다.

다른 이들에게도 생태 여행을 권유해 보면 어떨까?

관광은 기후변화, 물 부족, 열악한 동물 복지, 서식지 파괴, 생물 다양성 저하 같은 문제에 영향을 끼친다. 우리 모두 이 문제에 책임감을 느끼고 상황을 개선하려고 노력하는 여행자가 더 많아져야 한다.

여행자로서 우리가 사랑하는 장소들을 지키며 더 나아가 지구 전체를 이롭게 하는 선택을 할 수 있다. 그 방법을 친구와 가족, 이웃과 공유하는 데 전념해야 한다. 성장의 다음 단계는 소비자인 우리 손에 달려 있다. 더 많은 사람이 변화를 추구하고 지속 가능한 선택지를 찾고 싶어 한다면, 증가하는 수요에 맞춰 업계의 공급도 뒤따를 것이다.

사람들과 이야기하고 소셜 미디어를 활용하거나 여행 정보 웹사이트에 후기를 올리자. 관련 업체들은 자사 상품을 판매하기 위해 여행 정보 웹사이트 후기를 크게 의식하니, 업체들의 환경 의식을 고취하는 일에 참여하자. 책임감 있는 여행법을 알려 주는 단체와 회사를 널리 알리자. 환경 의식이 있는 여행자가 된다는 것이 어떤 의미이며, 그런 선택을 하기 위해 어떻게 했는지 다른 사람들이 알 수 있도록 경험을 공유하자. 생태 관광에 대해 자꾸 찾아보고 이야기하기 시작하면 비슷한 관심사를 가진 사람들을 더 많이 알게 될 것이다. 그들과 정보를 나누고 지식을 늘려 나가자. 책임감 있고 지속 가능한 여행 업체에게 주는 상이 있는지 찾아보자. 그런 상을 받은 여행 업체들이 보상받도록 친구와 가족들에게도 추천하자.

여러분이 알고 있는 플라스틱과 쓰레기 줄이는 아이디어(→ 83쪽), 교통수단 선택 방법, 숙소와 식당을 신중하게 고르는 방법을 여러 사람에게 이야기하자. 정보를 널리 공유해서 모든 여행자가 환경 의식을 갖추도록 돕자.

- -

알아 두면 좋은 상식

● 2019년에 전 세계 관광 수출은 상품 수출보다 7년 연속 빠른 성장을 기록했다.[76]

관광 산업은 코로나19 전염병으로 인해 여행에 제한이 생기기 이전까지 꾸준히 세계 경제를 앞질러 왔다.

환경 측면에서는
어떤 숙박 유형이 가장 좋을까?

홈스테이가 호텔보다 환경친화적이라는 연구
결과를 본 적이 있다. 하지만 나중에 그 연구가
숙박 업체 공유 웹사이트들에 의뢰받아
진행되었다는 사실이 밝혀졌다. 과연
그 연구 결과를 믿을 수 있을까? 홈스테이 또는
민박이 더 환경친화적인 선택지일까?

이 질문에 절대적인 답은 없다. 관련 연구 결과에 따르면 민박을 선택하는 여행자가 대중교통과 그 지역 서비스를 이용하고 재활용할 가능성이 더 크다지만,[77] 이는 민박에서 제공하는 서비스보다는 이를 선택하는 사람들에 대해 알려 주는 내용이다.

숙소를 고를 때 눈여겨봐야 할 점은 그 숙소에서 소비하는 물자 공급망이 어딘지, 쓰레기를 줄이려고 어떤 노력을 하고 있는지다. 해당 숙소에서 조달하는 식재료, 침구류나 위생용품을 현지에서 윤리적으로 생산한 공급 체계가 짧은 제품을 사용하는지 확인해 보자. 물을 아껴 쓰기 위해 애쓰는지, 음식물 쓰레기를 잘 처리하는지도 알아보자. 투숙객들에게 탄소 배출량을 줄이도록 안내하는지 살펴보자. 대중교통으로 숙소를 오가는 방법이나 자전거나 도보 투어, 버스 투어 정보를 제안하고 자전거를 빌려주는 숙소도 있다.

숙소 안에서 투숙객들이 에너지를 줄이도록 유도하는지 살펴보자. 방에 개별 온도 조절 장치가 있는지, 외출할 때 전기 제품 전원을 끄고 조명을 끄도록 상기시키는 메모를 두는지 등이다. 숙소 안 음식점에서 맛있는 채식 메뉴를 다양하게 갖췄는지도 확인해 보면 좋다.

많은 나라에서 호텔과 달리 민박을 규제하는 정도가 훨씬 덜하다. 이때 규제란, 여행자들이 몰려와도 공공 서비스, 교통편, 지역 사회에 과부하가 걸리지 않도록 지역 당국에서 관리한다는 의미다. 숙박 공유 웹사이트에 올라온 숙소가 정말 개인 집인지 확인할 수 있는 힌트를 찾아보고 그런 곳을 이용하자. 매우 인기 많은 지역의 '상업적인' 민박은 지역 사회에 지나친 부담을 준다.

시장은 소비자 요구에 응답하기 마련이다. 우리가 숙소 업체에 여러 질문을 하고 후기를 남김으로써 업체들을 변화시킬 수 있다. 최선의 답은 민박일 수도, 소규모 숙박 시설이나 호텔일 수도 있다.

숙소에서 할 만한
친환경 행동이 있을까?

여행할 때도 환경을 위해 가장 좋은 선택지를
고르고 싶다. 여행하는 동안 현지 자원에 과부하가
걸리지 않도록 하는 팁이 있을까?

이번엔 여행자들의 행동이 넓은 의미에서의 환경에 어떻게 영향을 미치는지 생각해 볼 때다. 예를 들어 가고 싶은 관광지와 숙소는 얼마나 떨어져 있나? 탄소 배출량을 줄이려면 가 보고 싶은 곳에서 가까이에 숙소를 잡는 것이 좋지만, 유명 관광지 근처에서 묵느라 과잉 관광 문제를 일으키는 건 아닌지도 생각해 보아야 한다(→ 84쪽).

물을 절약하기 위해 주의를 기울이자. 많은 휴가지가 물 부족 문제에 시달린다. 물 사용량을 줄일 다양한 수칙을 지키자. 꼭 필요한 경우가 아니라면 일주일 이내에 침구를 갈아 달라고 요청하지 말고, 수건은 반드시 걸어 두자. 숙소에서는 보통 욕실 바닥에 놓인 수건을 세탁한다.

에너지 효율을 생각하자. 사용하지 않을 때는 전자기기를 끄자. 휴대전화 같은 기기를 밤새 충전기에 꽂아 두거나 기기가 완전히 충전되었는데 전원을 켜둔 채로 두지 말자. 냉난방기를 세게 틀고 나서 문이나 창문을 열어 두지 않도록 주의하고, 외출할 때는 반드시 전원을 끄자. '우리가 벌써 돈 냈잖아'라는 생각을 떨치자.

여행하는 계절과 장소를 고려하자. 1년 내내 마실 수 있는 대기업 오렌지 주스나 제철 아닌 농산물을 찾지 말자. 현지에서 생산한 제품을 즐기면 현지 자원에 대해 더 잘 알게 된다. 숙소에서는 해당 지역에서 조달할 수 있는 환경친화적 서비스를 제공하는 것이 환경에 이롭다. 기존에 이용하던 익숙한 물품이나 서비스를 개발도상국에서도 찾거나, 외딴 지역을 여행하면서 큰 도시에서 누리던 것을 요구하지 말자. 그 부담은 숙소도 숙소거니와 지구 전체가 지게 된다.

우리는 삶의 많은 시간을 일하면서 보낸다.
근무 환경과 일터에서 보내는 시간을
환경친화적으로 꾸려 보면 어떨까?

출퇴근 방법, 일터에서 일하는 방식, 식사하는 법,
근무 공간 관리법 같은 것에 변화를 주어
동료들에게 좋은 영향을 주며 에코 히어로가 될
기회를 찾아보자. 스스로 큰 기계의 톱니바퀴일
뿐이라고 느낄 수도 있지만, 작은 선택 하나와
우연히 나누는 대화가 결국 많은 이에게 영향을 줄
수도 있고, 전체 직원 대상 정책을 바꿀 때 중요한
변화를 이끌어 낼 수도 있다.
사무실과 학교에서 플라스틱과 종이 낭비를 줄이고
먹는 음식을 바꾸며, 온실가스 배출을 줄이고
에너지를 절약하는 데 실질적인 영향을 미칠
기회들이 있다. 가벼운 대화를 건네는 것이
큰 변화의 시작점이 될 수도 있으니,
변화를 일으키는 것이 내 능력 밖이라고
미리 단념하지 말고 일단 한번 해 보자.

5. 일터에서

종이를 너무 많이
쓰고 있지는 않나?

종이 사용량은 계속 증가하는 추세며, 이는 탄소
배출과 물 소비, 삼림 벌채 문제를 심화시킨다.
종이 펄프를 생산하는 공장은 생물 다양성이
풍부한 혼합림을 훼손시키며 토지의 자연적 가치와
탄소 흡수 능력을 크게 떨어뜨린다.
이 문제를 위해 내가 할 수 있는 일이 있을까?

폐지 재활용률은 이미 높으니, 우선순위로 삼아야 할 과제는 종이 사용량을 줄이는 것이다. 자율좌석제를 시행해 매일 다른 책상을 쓰면 종이 문서를 모으기 어려우니 종이를 덜 쓰는 문화를 장려할 수 있다. IT 솔루션도 도움이 된다. 은행 업무는 온라인으로 할 수 있으며, 노트 소프트웨어를 사용하면 쉽게 메모하고 일정표나 프레젠테이션에 첨부해 회의 끝나고 바로 공유할 수 있다. 그럼 손으로 쓴 메모를 다시 타이핑할 필요가 없다. 유인물, 프레젠테이션 자료는 휴지통으로 들어가기 일쑤니, 인쇄물을 나눠 주기보다는 파일로 첨부해서 이메일로 보내거나 모든 참석자가 볼 수 있게 회의실 화면에 띄우자.

A4 용지 1장을 만드는 데 물 **10 리터**가 필요하며, 영국에서 평균적인 사무직원은 매년 종이 **1만 장**을 사용한다.[78]

영국에서 2008년 재활용된 종이 **880만 톤**으로 이산화탄소 **1100만 톤**에 상응하는 배출을 막았다.[78]

전 세계적으로 종이는 가장 많이 재활용된 폐기물이며, 영국,[78] 미국,[79] 유럽,[80] 호주[81]의 폐지 재활용 회수율은 **70~90퍼센트**에 이른다.

종이의 재활용과 회수율은 높은 반면, 매년 **1억 그루**가 넘는 나무에서 생산된 펄프가 광고성 우편물로 낭비된다.

　꼭 인쇄해야 한다면 1제곱미터당 60그램 정도의 얇은 재생지를 사용하고 공식 문서를 인쇄할 때만 두꺼운 종이를 쓰자. 용지 여백을 최소로 설정하고, 되도록 작고 읽기 쉬운 폰트를 쓰자. 양면 인쇄를 기본값으로 설정해 두고, 몇 부가 필요한지 인쇄하기 전에 잘 생각해 보자. 정보 공유는 대상을 정해서 전략적으로 하는 편이 좋다. 유인물과 안내 책자를 모두에게 주지 말고 요청하는 사람에게만 배포하자.

　업무용 프린터의 사용자 로그인 기능을 활용해 본인이 종이를 얼마나 사용했는지 체크하면, 인쇄를 덜 해야겠다는 동기가 생길 수 있다. '종이 없는 사무실과 학교' 캠페인에 동참해 보는 것도 좋다.

항상 너무 덥거나
너무 추운 업무 공간,
어떻게 하면 좋을까?

사무실 온도는 에너지 소비와 생산성에
큰 영향을 미친다. 여기서 문제는 사람마다
자리마다 '이상적인' 온도가 다르다는 점이다.
나는 너무 더운데 다른 사람은 너무 춥고,
또 어떤 사람에게는 적당할 수 있다.
최선의 해결책은 무엇일까?

적정 온도가 몇 도인지 모든 사람이 합의하기란 어려운 일이다. 같은 공간에서도 누군가는 개인 선풍기를 켜 두고, 누군가는 옷을 껴입고 있는 경우가 일상다반사다. 그 사이 건물 냉난방에 막대한 에너지를 쓰게 된다.

동료들과 겨울과 여름 실내 온도를 합의해 보자. 겨울에는 약간 낮게, 여름에는 약간 높게 정하도록 제안하자. 그러면 최소한 사무실 온도가 어느 정도일지 예상할 수 있고, 그에 맞춰 옷을 챙겨 입을 수 있다. 실내 온도를 1~2도만 바꿔도 비용을 절감할 수 있으며, 탄소 발자국도 크게 줄어든다.

너무 춥거나 더운 공간에서 일하면 생산성이 떨어진다. 편안하게 일할 수 있게 대비하자. 필요에 따라 벗거나 덧입을 수 있도록 옷을 여러 겹 입자. 천연 소재 옷이 환경에도 이롭고 통풍에도 좋다. 수분을 잘 보충해서 신체 온도 조절 기능과 두뇌가 효율적으로 작동하게 하자. 춥다면 따뜻한 음료를 마시는 것이 도움이 된다. 음료를 가져오기 위해 의자에서 일어나 움직이면 혈액 순환에도 좋다. 너무 더울 때는 시원한 음료를 마시거나 찬물로 손을 씻고, 시원한 간식을 먹는 것도 좋은 아이디어다.

영국에서 실천되는 에너지 절약법과 그로 인해 연간 절약되는 에너지

○ 난방 온도를 20도에서 18도로 2도 낮추기 (**33테라와트**)
○ 난방 온도를 19도에서 18도로 1도 낮추기 (**16테라와트**)
○ 난방 시작 시점을 10월에서 11월로 미루기 (**11테라와트**)
○ 추운 계절에 두꺼운 스웨터 입기 (**6테라와트**)[82]

물론 이상적인 온도를 찾는 일은 쉽지 않다. 코넬대학교에서 시행한 연구 결과에 따르면, 겨울철 사무실 온도가 높을 때(25도)보다 낮을 때(20도) 직원들의 타이핑 오류가 44퍼센트 더 많았다.[83]

플라스틱 생수통을 쓰는 정수기, 페트병에 든 생수를 소비하지 않을 수 있을까?

우리는 직장에 있을 때나 출퇴근할 때,
점심시간에도 바쁜 일정을 소화하며
먹고 마시는 것이 익숙한 문화에서 살고 있다.
충분한 수분 섭취가 중요하다는 것은 우리 모두
안다. 어떻게 하면 정수기의 플라스틱 생수통,
플라스틱 병에 든 생수 사용을 피할 수 있을까?

일회용 플라스틱 병 사용을 줄이는 것은 고도의 지능을 요구하는 일이 아니지만 의미 있는 효과를 내려면 집단이 변화해야 한다.

런던에 있는 한 대규모 사무실에서 의식 제고 캠페인을 진행한 연구가 있다. 직원들에게 재사용 스테인리스 물병을 나누어 준 다음 장기간에 걸쳐 일터 안팎에서 플라스틱 물병 사용에 어떤 영향을 미치는지 조사했다. 그 결과 직원들은 플라스틱 소비를 50퍼센트 넘게 줄였으며, 그 경험을 즐겼다.[84] 덤으로 참가자 가운데 63퍼센트가 물을 더 많이 마시게 되었다. 플라스틱 사용을 줄여 지구를 이롭게 했을 뿐더러 물을 더 많이 마셨고, 자신이 하는 실천으로 환경이 더 나아졌다는 사실에 기분까지 좋아졌다. 이렇게 직원들의 신체적 정신적 건강이 향상되었으며, 회사도 직원들의 집중력과 생산성이 높아진 덕을 보았다. 일석삼조인 셈이다. 이런 실험은 재사용 물병을 나누어 주고 의식 제고 캠페인을 조금만 해도 효과를 볼 수 있으며 비용도 절약할 수 있음을 증명한다.

병원이나 도서관, 회사와 학교에서 플라스틱 물병을 쓰고 있는 것을 본다면, 왜 개수대를 만들지 않는지 책임자에게 묻자. 책임감 있는 조직이라면 마땅히 지속 가능한 생활 방식을 권장해야 한다. 그들에게 사례를 제시하고, 모든 단체가 이 운동에 참여할 수 있도록 촉구하자.

인체의 총 수분량은 체질량의 약 **60퍼센트**이며, 체질량의 **2퍼센트**에 해당하는 수분이 부족하면 유산소 운동 능력과 인지 기능에 영향을 미칠 수 있다.[85]

사무실에서 배출되는 플라스틱 쓰레기 가운데 **90퍼센트** 이상은 일회용 음식 포장재다.

회사와 학교를 오갈 때 미치는 영향을 어떻게 줄일 수 있을까?

학교 선택 정책에 따라 많은 나라의 아이들이
집에서 가까운 학교에 다니지 않는다.
마찬가지로 오늘날 생활 방식 때문에
직장 가까이에 살지 않는 사람이 많다.
통근하고 통학할 때 환경에 미치는 영향을
최소화하려면 어떻게 해야 할까?

몇 가지 자문해 보자. 직장이나 학교까지 걷거나 자전거를 타고 가기에 정말 너무 먼가? 하루 30분 걷기는 세계보건기구(WHO) 운동 권장량이다. 우리는 걸으면서 긴장을 풀고 의욕과 생산성을 높일 수 있다. 자전거 타기도 마찬가지다. 연구 결과, 유산소 운동 12분만으로도 학생들의 주의력이 향상되었다.[86] 학교나 직장에서 자전거 타기를 권장하려면 안전하고 이용하기 편한 주차장과 복장이나 헬멧을 보관할 장소를 마련해야 한다. 회사는 출퇴근용 자전거 대여 체계를 도입하고 샤워 시설을 두어 자전거 타기를 장려할 수 있다. 또는 회사에서 대중교통 정기권 구입비를 지원해 직원들의 부담을 덜어 줄 수도 있다.

전 세계적으로 상근직 근로자의 평균 통근 시간은 하루 **40분**으로, 1년에 **12일**꼴이다.[87]

영국에서 평균 통근 시간은 거의 **1시간**이며, 런던에서는 **74분**까지도 소요된다.[87]

미국에서 평균 편도 통근 시간은 **26.1분**인데 주마다 차이가 크다. 워싱턴주에서는 약 **45분**, 캘리포니아주에서는 **30분**, 사우스다코타주에서는 **15분**이 조금 넘는다.[88]

호주에서는 매일 **700만 명**이 자가용으로 출퇴근한다. 자전거를 타거나 걸어 다니는 사람은 **45만 명**뿐이며, 모든 경제협력개발기구(OECD) 회원국이 비슷한 양상이다.[89] 호주의 주요 도시 여섯 곳에서 교통 체증으로 인해 매년 배출되는 온실가스는 약 **1300만 톤**이다.

꼭 직접 통근해야만 하는가? 직장인 가운데 부분 재택근무를 선호하는 사람이 많다. 그런데 의외로 부분 재택근무를 하면 전체 통근 시간은 더 길어질 수 있다. 일주일에 2~3일만 사무실에 가는 사람은 통근 시간이 더 길어도 참고 직장에서 더 먼 곳에서 살 수 있기 때문이다.

출퇴근 시간을 조절할 수 있을까? 막히는 시간대를 피해 근무 시간대를 조절하면 공기 오염 문제를 개선할 수 있고, 교통 체증 때문에 허비하는 시간도 절약할 수 있다.

마지막으로, 출퇴근할 때 차를 나눠 탈 수 있을까? 차량 공유 프로그램을 이용하면 차량 유지비와 운전하는 부담을 덜고 배기가스 배출량을 줄일 수 있으니, 이것 역시 일석삼조다.

환경 의식 제고를 위해
내가 무엇을 할 수 있을까?

환경 문제를 우려하며 참여하는 사람이 많아지기는
했지만, 여전히 이것이 우리 모두의 실천에 달린
문제라는 점이나 실천하지 않았을 때의 결과를
모르거나 듣고도 믿지 않는 사람이 더 많다.
이 중대한 문제에 대한 인식을 높이기 위해 우리가
무엇을 할 수 있을까?

환경 문제에 대해 계속 이야기해야 한다. 교육 기관이나 직장, 청소년 센터, 종교 단체에서 한꺼번에 많은 사람을 만날 기회를 활용하여 점심시간이나 일과 시간 이후에 모임을 열거나 영화를 상영하는 긍정적인 실천을 할 수 있다. '〈아름다운 바다〉[큰 반향을 일으킨 BBC 환경 다큐멘터리 - 옮긴이] 효과'는 힘이 있으며, 환경 문제의 선봉에 선 데이비드 애튼버러와 그레타 툰베리는 사람들에게 영감을 준다. 그들의 말과 이미지를 활용해 여러분이 원하는 메시지를 전달하자. 온라인에 무료 자료가 얼마든지 있다.[90][91] 이 문제를 제대로 이해

환경에 대한 우려가 높음에도,[93][94] 영국 통계 결과에 따르면 대중의 반응은 엇갈린다.

○ **74퍼센트** 사람들이 기후변화를 걱정한다.
○ 만 17-18세 가운데 **70퍼센트**는 기후변화에 대해 1년 전보다 더 걱정한다.
○ **77퍼센트** 사람들은 기후변화가 교과 과정에 포함되어야 한다고 생각한다.
○ 그러나 4분의 1 이상이 기후변화의 위협이 지나치게 과장되었다고 생각하며, 4분의 1에 조금 못 미치는 사람들은 기후변화에 대해 전혀 걱정하지 않는다.

하고 있는 전문가를 초대해 동료들과 함께 설명을 듣는 것도 좋다. 또 사람들이 스스로 환경에 미치는 영향을 생각해 보도록 유도하는 캠페인(→ 101쪽)을 구상해 보자.[92] 플라스틱 없는 날을 기획하거나 경제적 혜택을 주어서 일회용 플라스틱 사용을 줄이는 방법, 재사용 물병과 컵을 의무화하는 방법 등 대안을 생각해 볼 수 있다. 구내식당에서 특정 요일에는 채식 메뉴만 만들도록 설득해서 사람들에게 스스로 먹는 음식에 대해 생각해 보도록 장려할 수도 있다.

- -

알아 두면 좋은 상식

사람들이 하는 환경 관련 실천들은 엇갈린 양상을 보인다.
● 영국인 95퍼센트가 가정 쓰레기를 재활용하며 비슷한 비율이 개인 장보기 가방을 사용한다.

● 10퍼센트 미만이 환경을 위해 육류 섭취를 줄였다.
● 62퍼센트가 의료 관련 지출을 위한 세금 인상에 찬성했지만, 35퍼센트만이 기후변화에 대처하는 세금 인상을 수용할 의향이 있다.

친구들과 함께할 만한
친환경 활동이 있을까?

친구들과 어울려 놀면 재미있지만 가끔은
환경에 도움이 되는 일을 같이 해 보고 싶다.
비용은 적게 들면서도 지구를 돕는 동시에
재미있는 활동이 있을까?

옷 바꿔 입기, 오래된 옷과 가구 업사이클링 하기, 지퍼백을 대체하는 밀랍랩 만들기, 식물 키우기(→ 59쪽)처럼 집에서 친구들과 함께할 수 있는 환경친화적인 활동은 다양하다.

밖에서 시간을 보내고 싶을 때는 일손을 반기는 환경 단체를 찾아보자. 가까운 야생 동식물 센터, 자연 보호 단체가 있는지 알아보고, 어떤 자원봉사 활동을 할 수 있는지 문의하자. 생각하는 것보다 더 재미있을 것이다.

대중 환경 관련 지식에 이바지하는 활동으로는 시민 과학을 고려해 보자. 시민 과학이란 일반인과 아마추어 과학자들이 자발적으로 데이터를 모으거나 연구하는 일을 뜻하며, 전문 과학자들이 주도하거나 그들과 협력해서 진행하는 경우가 일반적이다. 일반 시민이 참여함으로써 과학자들의 노력만으로는 거의 불가능한 연구까지 기반을 폭넓게 확장할 수 있다. 그렇게 수집된 데이터의 타당성과 가치가 높으므로, 과학을 발전시키고 정책에 영향을 미치며 우리의 세계관을 바꿀 수 있다.

여러분의 관심을 끌 만한 수많은 프로젝트가 올라와 있는 대표적인 환경 활동 웹사이트로는 아이내추럴리스트(iNaturalist),[95] 이버드(eBird),[96] 주니버스(Zooniverse)[97]를 꼽을 수 있다. 언제라도 현재 진행 중인 여러 프로젝트를 찾을 수 있으며 참여 방법도 다양하다. 전 세계 참가자들이 자발적으로 관찰하고 힘을 모으는 프로젝트이기 때문에, 자금을 지원받은 전문 과학자들의 연구만으로 진행할 때보다 훨씬 큰 규모와 빠른 속도로 새로운 사실을 발견하고 결과를 도출할 수 있다. 시민 과학은 일반인들이 얼마나 큰일을 성취할 수 있는지 느낄 수 있게 하며, 우리가 세상 일에 적극적으로 참여한다는 자부심을 안겨 준다.

순환경제는 무엇이며
어떻게 시작할 수 있을까?

쓰레기 문제, 버리는 문화, 한정된 자원 문제는
우리가 흔히 이야기하는 문제다. 순환경제가
대안이라던데, 그게 정확히 어떤 의미일까?
내가 공부하거나 일하는 곳의 책임자들이
순환경제에 참여하도록 설득할 수 있을까?

제2차 세계대전 이후 개발된 나라들의 표준 경제 모델은 고도로 발달된 선형경제다. 이 체계에서는 원자재를 갖다가 무언가를 만들어 쓰고 버리는 과정을 계속 반복한다. 이와 달리 순환경제란 지금 사용하는 재료와 제품을 계속 쓰는 체계다. 즉 재료를 체계 속에 끊임없이 되돌려 놓는 것으로, '폐기물'이 다음 과정의 원자재가 된다. 순환경제 원리에 따르면 우리는 자원을 계속 고갈시키지 않을 수 있고, 매립지와 소각로도 필요하지 않다. 제2차 세계대전 이전 세대라면 알고 있을 만한 이야기지만, 현재 순환경제 비중은 약 9퍼센트뿐이다.[98]

하지만 우리는 모두 순환경제 철학을 학교와 직장에서 바로 실천할 수 있다. 전자기기나 가구를 개조하고 재사용하는 것처럼 말이다. 처음부터 제품과 재료의 수명 주기를 고려하면 자원을 가능한 한 오래 쓸 수 있다. 우리는 학교나 직장에 순환경제를 실천하는 납품 업체로 교체하라고 요구할 수 있다. 납품 업체들이 환경에 대한 영향을 검토하고 공개하는가? 업체들이 순환성을 고려해서 운송을 최소화하고 포장과 제품 디자인에 재생 재료를 사용하고 있는가? 우리는 쉽게 분해되고 재활용할 수 있는 제품을 만들라고 기업에 요구해야 한다.

결정권자들을 찾아가 더 나은 세상을 만들자고 설득할 방법을 찾자.[99] 즉각적인 이득이 없다는 이유로 반응하지 않는다면, 밀레니얼 세대 소비자와 근로자 가운데 4분의 3이 환경의 지속 가능성을 최우선으로 생각한다는 점을 상기시키자.[100] 업체들이 환경에 미치는 영향을 진지하게 고려한다는 것을 보여 준다면 밀레니얼 세대는 평소의 습관으로, 또 열심히 일하는 것으로 기업의 노력에 보상할 것이다.

거래를 통해서 우리는 소비망과 공급망을 움직인다.
공급망은 생태계에 영향을 미치는데, 우리는
무분별한 소비로 천연자원의 과잉 개발을 부추겨
왔다. 전 세계에 연결된 시장과 계절을 가리지 않고
공급되는 식품으로 인해 지극히 일상적인 식품과
제품도 아주 멀리까지 운송되면서 지구 곳곳의
천연자원을 고갈시키고 온실가스를 배출하며,
생물 다양성 감소와 기후변화를 가속화한다.

이제 우리는 자원 소비를 줄이고 동물 복지를
개선하며 토지를 환경적으로 지속 가능하게
관리하는 등, 자연과 협력하는 체계를 만들어 가야
한다. 전략적인 소비자가 되어야 한다.
정보를 제대로 알고 선택하면 우리의 쇼핑 습관을
바꿀 수 있고, 미래에 생산될 제품을 바꿀 수 있으며,
결국 지구에서 인류의 자리를 지킬 수 있게 된다.
더 나은 세상을 만들 상품을 고르는 것은 우리와
지구에 대한 의무다.

6. 식사하고 쇼핑할 때

음식물 쓰레기를 줄이는
최선의 방법은?

슈퍼마켓에서 너무 많은 식재료가 버려지고
있다고 비판하는 목소리가 있다. 그러나 실제로
슈퍼마켓에서 폐기하는 음식물은 0.5퍼센트 정도다.
반면 유럽의 평균적인 가정에서는 음식물을
25퍼센트나 낭비한다. 어떻게 하면 집에서 버리는
음식물 쓰레기를 최대한 줄일 수 있을까?

음식물 낭비를 막기 위해 우리가 가장 먼저 할 일은 계획 세우기다. 일주일 단위로 식사를 계획하고, 장보기 전에 냉장고와 찬장을 확인한 다음 필요한 식재료 목록을 꼼꼼히 작성하자. 과일과 채소는 꼭 필요한 만큼만 낱개로 구매하자. 다 먹거나 나눌 사람이 있거나 먹거리 나눔터에 기부할 게 아니라면 대량 구매 할인에 현혹되지 말자.

유통기한이 많이 남지 않은 음식물을 잊어버려서 결국 못 먹게 되는 사태를 막으려면 냉장고와 찬장에서 잘 보이는 곳으로 옮겨 두자. 유통기한이 지난 농산물을 무조건 버리지 말자(유통기한이 지나지 않았다고 해서 무조건 먹지도 말자). 언제나 오감을 활용해 확인하자. 눈으로 보고 만지고 냄새 맡고 맛보았을 때 괜찮다면 포장지에 쓰인 날짜와 상관없이 십중팔구 괜찮을 것이다.

장 본 것은 모두 먹으려고 노력하자. 있는 재료를 모두 사용하기 위해 요리할 때 창의성을 발휘하자. 과일과 채소 가운데 우리가 버리는 많은 부분이 실은 요리에 활용할 수 있는 부분일 때가 많다. 채소에서 대개 잘라 버리는 단단한 부분은 찜이나 수프를 만들 때나 육수를 낼 때 유용하게 쓸 수 있다. 새로운 요리 정보를 앱과 웹사이트에서 검색해 보자.[101]

냉장고 온도가 7도 이하로 설정되어 있는지 확인하자. 또 냉동실을 잘 활용하면 음식물 쓰레기를 크게 줄일 수 있다. 많은 양을 한꺼번에 요리해서 일부는 냉동했다가 다른 날 먹을 수 있고, 수분 함량이 너무 높지 않은 농산물이라면 냉동 보관할 수 있으며 남은 음식도 마찬가지다.

남은 음식을 지역 사회에서 나눌 방법을 찾자. 음식 공유 앱을 활용할 수도 있고, 친구나 이웃들과 음식을 나누어도 좋다. 그렇게 마음을 나누고, 음식물 쓰레기는 줄이며, 돈도 절약할 수 있다.

어떤 달걀이 환경에 영향을 가장 적게 미칠까?

달걀은 영양가 많고 비싸지 않으며 활용도가 높으면서 체중을 감량하는 데 좋을뿐더러 항산화 성분도 풍부한 식품이다. 퇴비화 가능한 포장재를 사용하는 것도 장점이다. 하지만 세상 모든 것이 그렇듯 달걀도 환경에 영향을 미친다. 어떤 달걀이 영향을 가장 적게 줄까?

달걀 생산 과정에서 온실가스가 배출되고, 토양과 수질이 오염된다. 이런 문제는 대부분 사료 생산 및 분뇨 관리 과정에서 발생한다. 재배하는 사료의 종류, 분뇨 관리 체계에 따라 환경에 미치는 영향의 규모가 다르며 농장마다 차이가 크게 나지만, 일반적으로 달걀을 생산할 때 배출되는 탄소량은 젖소를 사육할 때와 맞먹는다.

'유기농'으로 표시된 달걀은 닭에게 유기농 사료를 먹이고, 실외 방목지는 주기적으로 9개월간 식물과 토양이 회복할 틈을 주므로 탄소 배출량과 토양과 물에 미치는 영향이 적다. 유기농 인증은 닭이 야외에서 자유롭게 돌아다니고 아플 때만 항생제를 투여해 동물 복지 조건이 잘 지켜졌음을 인증하는 제도다[우리나라에서는 항생제, 성장 호르몬, 농약과 화학 비료를 사용한 사료를 금지하며 산란장 공간도 닭 한 마리당 0.22제곱미터를 넘어야 '유기 축산물' 인증을 받을 수 있고, 실외 방목장에서 키운 닭이 낳은 알만 '동물 복지' 인증을 받을 수 있다 - 옮긴이].

버려지는 달걀도 너무 많다. 2018년 영국에서만 멀쩡한 달걀 7억 2000만 개가 버려졌다.[102] 같은 크기 달걀을 모아 팔려고 등급을 매기는 과정에서 버려지기도 하고, 소비자가 유통기한이 지난 달걀을 버리기도 한다. 낭비를 줄이기 위해 간단한 물잔 테스트를 해 보자. 건강한 달걀은 물잔에 담으면 바닥에 가라앉는다. 가로로 가라앉는다면 신선한 달걀이다. 세로로 가라앉는다면 그보다 덜 신선하지만 잘 익혀 먹으면 문제는 없다. 물 위에 뜨는 달걀은 버려야 한다. 나쁜 박테리아에서 나오는 가스가 차서 뜨는 것이니 먹고 탈이 날 수 있다. 달걀은 냉동하면 1년까지 보관할 수 있다. 흰자와 노른자를 각각 풀어서 냉동 용기에 담아 얼렸다가, 먹기 전날 냉장실에서 해동시키고 완전히 익혀 요리하면 된다.

기후 문제가 심각한데
고기를 계속 먹어도 괜찮을까?

기후 운동가들은 대부분 육식을 중단해야
한다고 말한다. 전 세계 온실가스 배출량 가운데
약 14.5퍼센트가 가축을 키우는 과정에서 나오는데,
이는 전 세계 교통 부문 배출량과 거의 맞먹기
때문이다.[103] 이대로 고기를 계속 먹어도 괜찮을까?

육류 가운데서도 소고기 축산 규모와 강도가 환경 오염에 미치는 영향이 가장 크고 심각하다. 방목지를 만들고 콩 사료를 재배하는 과정에서 열대 우림과 초원이 파괴되는데, 이는 소를 빨리 살찌워서 수요에 맞추기 위함이다. 콩으로 가축을 키워 얻는 고기의 열량과 영양분보다 콩을 사람이 직접 먹어서 얻는 쪽이 훨씬 크기 때문에 이런 체계는 매우 비효율적이다. 또 반추동물은 메탄을 대량으로 배출하고, 토착종을 멸종 위기로 내몬다.

적색육으로 단백질, 철분, 비타민 B¹²를 얻을 수 있지만, 이는 잘 짜인 채식 식단으로도 얻을 수 있다. 고기를 과하게 먹으면 혈중 콜레스테롤 수치와 대장암 발병률이 오른다.[104][105] 대부분 서구 국가는 파리협정 목표를 달성하려면 육류 소비를 반으로 줄여야 한다.[106]

육류 생산 강도를 낮추면 지속 가능한 방식으로 관리하고 온실가스 배출량을 줄일 수 있다. 방목 가축은 건강한 생태계 일부가 되어 분뇨로 토질을 개선해 주며, 방목장은 야생 동식물도 함께 사는 서식지가 될 수 있다. 또 다른 용도로 쓰기 어려운 땅을 활용할 수 있으며 시골 지역 공동체 생계에 도움을 준다.

그러니 지금보다 고기를 적게 먹고, 어디에서 어떻게 생산되었는지에 관심을 두자. 강도 낮은 축산 방식으로 건강하게 풀을 먹여 키운 가축 고기를 공급하는 지역 공급업자에게서 고기를 사자.

알아 두면 좋은 상식

● 전 세계적으로 생산되는 식품 총량은 1인당 하루 5940킬로칼로리를 공급할 수 있는 양으로, 이는 평균적으로 건강 유지에 필요한 열량의 약 2.5배다. 여기서 사람이 섭취할 수 있는 등급의 음식 1740킬로칼로리가 사료로 사용되는데, 그 가운데 단 590킬로칼로리만이 육류와 유제품으로 전환되어 사람이 섭취한다(가축은 이 사료에 더해 풀 3810킬로칼로리를 먹는다).

● 영국 인구 전체가 채식한다면 줄일 수 있는 온실가스는 영국의 전체 자동차 배기가스 배출량의 50퍼센트에 상응한다.[107]

유제품은 환경에
큰 영향을 미칠까?

우유와 유제품은 특정 지역에서 가장 많이 키우는
동물이 무엇이냐에 따라 소, 양, 염소, 낙타,
물소에게서 얻은 젖으로 만든다. 집약적인 육류
생산처럼 낙농업도 온실가스를 배출하고
삼림 벌채 문제를 일으키고 있을까?
식물성 우유는 동물성 우유의 괜찮은 대안일까?

어떤 유형의 낙농업인지에 따라 문제의 심각성이 크게 달라진다. 좁은 면적에서 비료와 농약을 많이 사용하는 대규모 집약 축산이 큰 문제다. 육우처럼 젖소도 메탄을 배출하고, 방목지나 사료 생산으로 인해 서식지가 파괴되고 있다. 그러나 낙농업은 가축의 근육을 급하게 키울 필요가 없어 대두 사료를 덜 쓰니 온실가스 배출량과 삼림 벌채 수준이 소고기 생산 대비 약 3분의 1 정도다.[108]

전 세계 인구 약 **600억 명**이 유제품을 섭취하면서 유제품 생산량이 증가하고 있다.

인도는 최대 우유 생산국으로 전 세계 생산량의 **20퍼센트**를 생산하며, 미국은 최대 소젖 생산국으로 전 세계 생산량의 **12퍼센트**를 생산한다.

유럽 유제품 가운데 **84퍼센트**는 환경에 나쁜 영향을 주는 체계에서 생산되는 반면, 단 **6퍼센트**만이 친환경 체계에서 생산된다.[110]

우유를 생산하는 다른 동물이 환경에 미치는 영향은 젖소보다 적다. 염소와 낙타는 소보다 메탄가스를 훨씬 적게 배출한다. 하지만 호주에선 낙타, 유럽에선 염소를 대규모로 사육하여 생태계를 훼손시키고 있다.

식물성 우유는 기존 우유에 비해 온실가스 배출량은 3분의 1, 토지 사용은 9분의 1 정도로 낮지만, 동물성 우유와 영양가가 비슷한 것은 두유뿐이다. 대두 농장과 코코넛 농장 때문에 열대 지방 숲이 줄어들고 있고, 아몬드밭에는 물을 엄청나게 대야 하고 살충제도 많이 뿌려야 해서 꽃가루 매개 곤충이 해를 입는다. 쌀은 주요 곡물 가운데 온실가스 배출량이 가장 높다. 그나마 헤이즐넛 우유나 귀리 우유가 환경 측면에서 나은 대체품이다.

낙농 가축도 잘 관리하면 생물 다양성이 풍부한 생태계의 일부가 될 수 있다. 공신력 있는 기관의 유기농 우유 인증을 확인하여 건전한 제품을 구매하자. 소규모 농장 제품이 그럴 확률이 높은데, 초원에서 방목하고 풀 사료만 주고, 분뇨는 작물의 비료로 쓰거나 에너지 생산에 활용하기 때문이다.[109] 이는 순환경제의 좋은 예다(→ 108쪽).

생선을 앞으로도 계속
안전하게 먹을 수 있을까?

생선은 탄소 발자국이 적은 건강한 단백질 공급원일 것
같지만, 남획과 종 감소 문제가 심각하다.
또 어로 현장에서 잡은 수산물을 바로 가공할 수 있는
시설을 갖춘 공모선에서 해저 부근을 거대한 그물로
훑는 어인망 어업 방식으로 인해 필요 없는 부수
어획물까지 너무 많이 잡히고 있다. 생선을 낭비 없이
지속 가능하게 소비하는 방법이 있을까?

자연산 물고기는 탄소 '지느러미' 자국이 적어 지구를 해치지 않으면서 필수 단백질을 섭취하는 훌륭한 공급원이 될 수 있다. 하지만 안타깝게도 전 세계 수산 자원의 상당 부분이 남획되거나 고갈될 지경에 이르렀다. 전 세계 어획량 가운데 절반은 비윤리적인 관행을 자행하는 대형 저인망 어선에서 잡힌다. 그들은 종별 어획량 제한을 피해 바다에서 거래하고, 해저면을 파괴하며, 선원들을 착취하고 있다.

자연산을 대신하는 양식 어업에는 축산품처럼 각종 환경 문제와 윤리적 문제가 따라붙는다. 사료의 에너지와 영양분이 물고기로 전달되는 비율이 낮고, 과밀한 양식장은 동물 복지 기준에 못 미치고 항생제를 남용한다. 또 유기물 함량이 높은 폐기물이 축적되면서 만 전체를 오염시키고 해저면을 파괴하여 결국 인근 바다의 생태계를 망가뜨린다.

생선도 육류처럼 이따금 먹는 특별식으로 여기고, 지속 가능한 방식으로 어획된 생선을 고르자. 해양관리협의회(Marine Stewardship Council)는 지속 가능 어업을 인증하는 국제 비영리 단체다. 어장에서 해양관리협의회의 인증을 받으려면, 해당 지역 자연산 어류 개체군과 생태계에 미치는 영향을 평가받아야 한다. 해양관리협의회의 파란 물고기 인증 마크가 있다면 믿을 만한 방식으로 어획된 생선이라고 보면 된다.

부수 어획물, 특히 돌고래가 잡힐 확률이 적은 외줄낚시 어업으로 잡은 물고기를 선택하자. 또 탄소 발자국이 높은 항공 운송 생선은 피하자. 지구 반대편에서 가져올 수밖에 없다면, 항공으로 운송한 생선 대신 배로 운송한 생선을 고르자. 흔하게 남획되는 어종 대신 덜 흔해도 맛있는 생선을 추천해 줄 생선 가게를 찾아가자.

지역 먹거리가
무조건 좋을까?

과일과 채소 원산지를 살펴보면 지구 반대편에서
온 것도 있으며, 어떤 상품이 비행기로 왔는지
배로 왔는지 알기 어렵다. 지역 먹거리를 사는 게
최선일까? '지역'의 범위는 어디까지일까?

항공 운송된 식품이 아니라면, 식품의 전체 탄소 발자국에서 운송이 차지하는 비중은 상당히 낮다. 그러니 지역 먹거리를 산다고 해서 꼭 환경에 미치는 영향이 적은 것은 아니다. 식품의 온실가스 배출량은 대부분 생산 방식에 달려 있다. 지역 농산물이라도 난방한 비닐하우스에서 재배한 토마토라면, 익는 데 적합한 기후의 먼 나라에서 해상 운송한 토마토보다 온실가스 배출량이 훨씬 많다.[111]

요즘 우리는 다양한 신선 식품을 계절에 상관없이 찾는다. 육상과 해상 운송이 항공 운송보다 온실가스 배출 면에서 훨씬 낮다. 농산물 원산지를 확인하고 그 농산물이 배나 기차, 차로 운송되는 과정을 견딜 수 있었을지 생각해 보자. 포도나 파인애플, 아보카도, 제철이 아닐 때 나온 딸기처럼 저장 수명이 짧은 농산물이 수천 킬로미터 떨어진 지역에서 왔다면 지구에 큰 부담을 안기며 항공 수송되었을 확률이 높다.

탄소 발자국을 고려하면 제철에 생산된 지역 농산물이 두말할 나위 없이 최고의 선택이다. 지역 농부들에게 힘을 실어 주고, 식량 자급률을 높이며, 국제 연료 가격 변동에 대한 회복 탄력성을 만들어 준다. 장거리를 이동하는 신선 식품은 완전히 익기 전에 수확되므로 맛도 영양도 떨어진다. 또 유통 기한을 늘리기 위해 주로 플라스틱 포장재를 쓰고, 유통 과정을 견디게 하려고 다양한 보존법을 쓴다.

여러분이 집에 있을 때든 휴가 갔을 때든, 필요한 먹거리를 지역 상점과 시장 및 식품 생산자들에게서 구할 수 있다. 지역에서 생산된 제철 농산물을 즐기면서 공동체 의식도 느껴 보자. 여유 공간이 있다면 식재료를 직접 키우면 어떨지도 꼭 생각해 보자(→ 58쪽). 이 방법들은 모두 환경뿐 아니라 여러분 건강에도 큰 이득을 안겨다 준다.

어떤 식품이 삼림 벌채에 가장 큰 원인을 제공할까?

우리가 어떤 음식을 선택하느냐에 따라
서식지 파괴에 막대한 영향을 미칠 수 있다.
전 세계 삼림 벌채 가운데 약 75퍼센트는 식량을
생산하면서 일어나기 때문이다.[112] 이탄 습지와
열대 우림이 파괴되면서 많은 종이 멸종 위기에
내몰리고 있다는데, 삼림 벌채에 가장 책임이 큰
식품은 무엇일까?

삼림 벌채의 주된 원인이 되는 식품으로는 팜유, 커피, 코코아를 꼽을 수 있다. 오늘날 팜유는 세계에서 가장 거래량이 많은 식물성 기름으로 립스틱, 과자, 초콜릿, 세탁 세제에 이르기까지 아주 많은 제품에 쓰인다. 팜나무는 전 세계 식물성 기름의 35퍼센트를 공급하는데, 다른 식물보다 같은 양을 얻는 데 땅이 10퍼센트만 필요해 매우 효율적인 데다 지속 가능하게 경작할 가능성도 있다.[113] 하지만 무분별한 대량생산으로 열대 이탄 습지와 열대 우림이 파괴되고 있다. 제대로 재배된 팜유를 쓴 제품을 알려 주는 웹사이트와 앱을 찾아보자.[114]

커피와 초콜릿은 세계적으로 인기가 높아지며 관련 산업이 크게 성장해 왔다. 커피는 본래 그늘을 좋아하는 작물이어서 열대 우림에서 자라지만, 햇빛에 강한 종과 교배시켜 수확량을 세 배 이상 늘리는 동안 남미의 삼림 벌채가 널리 확산되었다. 카카오 생산도 서아프리카, 인도네시아, 아마존 지역에서 삼림 벌채를 초래해 왔다. 그러니 되도록 공정 무역이나 유기농, 열대 우림 동맹(Rainforest Alliance) 인증 마크가 있는 제품을 사자.

사료용 대두 재배도 삼림 벌채의 큰 원인이다. 대두는 같은 무게 대비 고기보다 단백질 함량이 더 높다. 전 세계 수확량 80퍼센트가 집약 사육되는 양식 어종과 가축 사료로 쓰인다.[115] 사료 무게의 10분의 1에 해당하는 생선이나 고기를 얻을 뿐이니 매우 비효율적이다.[116]

우리는 식품 구매 습관을 통해 소비자의 힘을 행사할 수 있다. 우리가 할 일은 삼림을 훼손하게 만드는 식품을 피하고, 지속 가능한 방식으로 생산된 식품이 자연과 지역 사회를 돕는다는 사실을 기억하는 것이다. 상점과 식당에서 지속 가능한 공급처를 이용하는지 묻고, 책임감 있게 행동하는 업체들에게 주는 인증서나 배지를 보유하고 있는지 확인하고 구매하자.

외식할 때 환경에
해를 덜 주는 방법이 있을까?

집에서 식사할 때는 공급망이 짧은 지역 먹거리를
구매하고 지속 가능한 생산품을 선택할 수 있다.
필요한 재료만 사서 모두 쓰거나 남은 것은
냉동하면 되고, 삼림 벌채를 유발하는 제품은
피하면 된다지만, 외식할 때는 어떻게 해야 할까?

환경 의식을 지닌 식당이 늘면 죄책감 없이 외식을 즐길 수 있을 것이다. 좋아하는 식당 점주에게 손님들이 지속 가능한 선택을 할 수 있게 도와 달라고 제안해 보자. 예를 들어 메뉴 밑에 식당에서 이용하는 지역 공급망을 알리고, 쓰레기를 줄이고 탄소 발자국을 관리하기 위해 어떤 노력을 하는지 설명을 자세히 적어 넣자고 제안하는 식이다.

음식물 쓰레기는 탄소 발자국이 매우 크니 음식을 적당량만 주거나 손님이 먹고 싶은 만큼만 달라고 제안할 수 있는 식당을 찾아보자. 또 남은 음식을 포장해 가도록 재활용 용기를 주는지도 알아보자. 먹거리 나눔터나 노숙인 보호소에 음식을 기부하는 식당도 있다.

영국에서 접객 및 요식업계는 음식물 쓰레기를 비롯한 폐기물을 매년 약 **287만 톤** 배출한다. 음식물 쓰레기 **100만 톤** 가운데 **75퍼센트**는 먹을 수 있는 음식이었다.

음식물 쓰레기 가운데 **45퍼센트**는 음식 준비 과정에서 나오며, **21퍼센트**는 변질되고 부패되어 발생한다.

포장이나 비식품 폐기물 **187만 톤** 가운데 **56퍼센트**는 재활용할 수 있다.[117]

연간 공급되는 일회용 소스 비닐 포장을 모두 펼치면 지구 전체를 덮을 만큼이라고 추정된다.[118]

남은 음식을 포장해 가려면 포장 용기를 쓰는 건 어쩔 수 없지만, 완전히 재활용할 수 있거나 다시 쓰도록 식당에 돌려줄 수 있는지, 최소한의 포장재만 쓰는지 살펴보자. 쓰지도 않을 냅킨이나 작은 비닐 포장 제품은 받지 말자.

또 음식점에서 파는 채식 메뉴를 이용해 보자. 점점 채식 메뉴 선택지가 많아지고 수준도 높아지는 추세다. 소셜 미디어에 친환경 실천을 하는 식당 후기를 올리고, 주변 사람들에게 알려서 그런 식당이 잘 되도록 돕자.

우리가 이용하는 식품 매장에서 플라스틱을 줄일 수 있을까?

플라스틱은 화석 연료에서 추출한 성분으로 만들며,
제조 과정에서도 화석 연료를 사용해서 대기 중에
오염 물질을 방출한다. 분해되는 데 몇 세기가
걸리며 재활용되는 비율은 겨우 9퍼센트뿐이다.
또 매년 약 800만 톤이 수로로 흘러들어 간다.
어떻게 해야 플라스틱 오염을 줄일 수 있을까?

집에서 챙겨 간 재사용 용기에 식품을 담아 올 수 있는 가게나 시장에서 장을 보는 편이 가장 좋다. 그러나 일반 슈퍼마켓을 이용할 수밖에 없다면 몇 가지 요령을 알아두자.

장 본 것을 집으로 나르기 위한 가방이나 상자를 가져가자. 농산물을 담을 재사용 주머니나 봉지를 챙기고, 못 챙겼다면 종이봉투를 사용하자. 꼭 비닐봉지를 써야 하는지 생각해 보자. 바나나, 파인애플, 호박, 양파 같은 식품은 자연이 이미 포장해 두었는데 봉지가 정말 필요할까? 비닐봉지나 비닐랩으로 대량 포장해 판매하는 신선 농산물은 사지 말자. 그러면 플라스틱 사용양을 줄일 수 있을 뿐더러, 먹을 만큼만 구입할 수 있다. 가방을 가져가지 않았다면 다회용 장바구니를 사는 대신 종이 상자를 얻어 담아 오자.[119]

여러분이 가져간 용기에 식품을 담을 수 있는 벌크 매대를 갖춘 슈퍼마켓이 늘어나고 있으니 그런 가게를 이용하자. 대부분 슈퍼마켓에서 고기나 생선, 치즈를 살 때 여러분이 가져간 용기를 사용할 수 있을 것이다. 그렇게 홍보하지 않고 있더라도 일단 물어보자.

되도록 플라스틱 병이 아니라 유리병 제품을 고르고, 그 병은 꼭 재사용하고 재활용하자. 테트라팩에 든 음료가 플라스틱 병 제품보다 낫다(→ 29쪽). 테트라팩은 재활용이 가능하니 씻어서 배출하자.

먹거리를 직접 재배하자. 예를 들어 비닐 포장에 든 바질을 사는 것보다는 직접 키우는 편이 더 저렴하고 좋다. 그게 어렵다면 최소한 과잉 포장 상품을 피하자. 그런 제품이 보이면 매장 고객 서비스나 웹사이트를 통해 잊지 말고 건의하자. 플라스틱이나 비닐봉지가 생기면 재활용품 수거함에 넣고 슈퍼마켓에 되돌려 주는 등 재활용하기 위해 꼭 노력하자.

한편에서는 음식 폐기물이 넘쳐나는데 지구 반대편에서는 식량 부족 문제가 심각하다. 해결책이 있을까?

전 세계적으로 8억 2100만 명이 굶주리는 반면, 190만 명은 비만이다.[120] 유럽연합에서만도 5500만 명이 매일 제대로 된 식사를 할 수 없지만, 생산되는 식품 가운데 20퍼센트가 낭비되고 있다. 이 문제를 해결하는 데 내가 도움을 줄 수 있을까?

식량 빈곤은 해충 발생, 악천후, 특정 지역의 전쟁 및 정치적 불안정, 갈수록 더 잦아지는 기후 재난으로 점점 심각해지고 있다. 전 세계적으로 이재민 수가 늘고 있으니, 이 끔찍한 식량 빈곤 통계는 계속될 전망이다. 굶주리거나 영양실조에 시달리는 사람들은 예상보다 많다. 2016년 영국 최대 규모 먹거리 나눔터 신탁에서 배포한 비상식량 꾸러미는 총 120만 개였다.

우리는 한 개인으로서 책임감을 지녀야 한다. 이번 장에서는 각자 집에서 가능한 한 음식 낭비를 줄이고, 우리가 이용하는 공급망이 잘 관리되고 지속 가능한 방식으로 운용하도록 요구하는 책임을 다루고 있다. 대중이 식량 빈곤 문제에 관심을 두는 것이 중요하다. 우리는 정부와 지방 의회에 정식으로 의견을 제출하여 식량 빈곤을 근본적으로 해결하고 곤란에 처한 사람들을 지원하는 더 나은 정책과 계획, 전략을 세우도록 촉구할 수 있다.

본인과 가족들을 먹여 살리느라 고군분투하는 사람들을 돕는 데 앞장서는 자선 단체를 지원하는 방법도 있다. 우리 개인도, 우리가 이용하는 식품 매장도 먹거리 나눔터나 노숙자 보호소 같은 곳에 음식과 돈을 기부하거나 자원봉사를 함으로써 이바지할 수 있다. 자선 단체를 소매점, 음식점과 연결해 주는 곳이 있는지 찾아보자.

마지막으로 어린아이가 있는 가정이나 노인, 바깥출입을 못 하는 이웃 등 장보기와 요리에 도움이 필요한 사람들에게 관심을 기울이고, 사람들이 영양 부족에 시달리지 않도록 일대일로 돕는 방법도 있다.

식품 공급망에서 낭비되는 음식물 쓰레기를 줄이려면?

음식물 쓰레기 줄이기는 기후변화 문제에
대응하는 세 번째로 효과적인 해결책이다.[121]
음식물 쓰레기는 밭에서부터 식탁에 이르는
식품 공급망 전체에서 발생한다. 생산된 식량
가운데 약 3분의 2가 수확하고 보관하는 과정에서
손실된다. 이 낭비를 어떻게 줄여야 할까?

소비자로서 우리가 음식물 쓰레기를 줄이는 가장 나은 방법은 구매 습관을 바꾸는 것이다. 음식물 쓰레기는 대부분 슈퍼마켓의 구매 관행 때문에 생긴다. 슈퍼마켓에서는 이윤을 낼 상품을 거의 낭비하지 않아서, 신선 식품이 일단 슈퍼마켓에 입고되고 나면 낭비되는 양은 약 0.5퍼센트에 그친다. 그러나 슈퍼마켓에 식품을 공급하는 과정에서 쓰레기가 엄청나게 발생한다. 도소매점과 맺은 융통성 없는 계약 때문에 농부들은 처음부터 과잉 생산을 한다. 갈수록 예측하기 힘든 날씨, 해충 같은 문제 때문이다. 초과 생산량은 결국 폐기될 때가 많고, 슈퍼마켓에서 원하는 균일한 모양, 크기, 겉모습에 대한 기준을 넘지 못하는 수많은 농산물이 매대에 오르지도 못하고 버려진다.

수확, 보관, 운송, 냉장, 운송, 보관, 처리, 보관, 운송으로 이어지는 복합적인 식품 공급망의 모든 단계에서 낭비가 발생한다. 이때 낭비를 줄이는 최선은, 공급망의 길이를 줄이는 것이다. 식품이 땅에서 최소한의 단계만 거쳐 소비자에게 닿는다면 낭비를 막을 수 있다.

소비자로선 일반 슈퍼마켓에서는 선택할 여지가 얼마 없으니 현지에서 생산된 제철 과일과 채소를 직접 구매하자. 각 지역 농장 직영점이나 시장에서 파는 농산물 꾸러미는 대개 유통 과정이 짧다. 주로 이용하는 농산물 공급지에서 팔지 못하는 생산품을 어떻게 처리하는지도 알아보자. 직원들에게 나눠 주거나, 먹거리 나눔터에 기증하거나, 그도 안 되면 가축 사료로 이용할 수 있다.

공급망에 대해 잘 알아 두는 것은 우리가 지구에 미치는 영향을 줄이는 가장 믿을 만한 방법 가운데 하나다. 시간과 노력, 에너지를 들여야만 하지만, 일단 신뢰할 수 있는 공급자를 찾으면 지구를 희생시키지 않을 수 있을 뿐더러, 우리 자신도 더 건강하고 영양가 있는 식품으로 보상받을 것이다.

온라인 쇼핑의
영향을 줄이려면?

온라인 쇼핑 배달로 인해 발생하는 탄소 비용은
엄청나다. 택배 물품이 물류 센터에 도착하기까지
장거리를 이동하더라도, 해당 물품의 전체 여정에서
발생하는 탄소 및 대기 오염 물질 가운데 최대
50퍼센트는 물류 센터에서 고객 현관까지 가는
최종 단계에서 발생한다.[122]

온라인 쇼핑을 무조건 끊기 전에 혼자 자동차를 타고 물건 한두 개만 사 올 때보다는 주문 배송을 받을 때 탄소 비용이 더 낮을 수 있음을 기억하자. 물류 회사는 창고 및 지역 상점으로 배송하거나 택배 보관함, 편의점 배송 등 배달 최종 단계의 영향을 줄이는 다양한 방법을 찾고 있다.[123] 그러나 이런 선택지가 더 널리 보급되기 전까지 개인 차원에서 최종 단계의 탄소 비용을 줄이기 위해 할 수 있는 실천 방법을 찾아보자.

결제 과정에서 되도록 표준 배송을 선택하자. 당일이나 익일 배송으로 급하게 주문하면 효율적으로 배달할 계획을 세울 여유 없이 비효율적으로 움직여야 한다. 예정된 배송을 놓치지 말자. 부재중이어서 택배를 도로 가져갔다가 재배송하면 안 그래도 높은 최종 단계 탄소 발자국이 두 배로 늘어난다.

반품은 환경에 정말 좋지 않으니 애초에 반품하지 않아도 되도록 신중하게 구매하자. 소매업체에서 반품을 처리하고 그 물품을 재판매하는 준비 과정이 복잡해서 그냥 버리기도 한다.

생각날 때마다 주문하지 말고, 한 달에 하루나 이틀 온라인 쇼핑을 한꺼번에 하는 날을 정해 놓고, 가급적이면 한 업체에서 주문하자. 그렇게 하면 배송 여정을 줄이며 포장재도 덜 사용할 수 있다.

마지막으로 물건을 덜 사자. 구매 버튼을 누르기 전에 한 번 더 생각하자. 정말 필요하고, 정말 마음에 드나? 내가 이걸 오래 사용하고 즐기게 될까? 한 달쯤 지나 마음이 바뀌지는 않을까? 중고로 되파느라 다시 배송 과정을 거치게 하거나, 최악의 경우 쓰레기통에 버리게 되지는 않을까?

맺음말
우리가 배운 것들

여태까지 우리는 우리가 친환경적으로 살고자 할 때 어떤 과제에 직면하게 되는지, 또 그것이 얼마나 복잡한 문제인지 살펴보았다. 우리가 일상에서 하는 질문에 대한 답이 항상 똑떨어지는 것은 아니다. 어떤 문제의 해결책처럼 보이는 것이라 해도, 더 파고 들어가면 미묘한 차이가 드러나며 모호해지기도 한다. 오히려 해결책이라고 생각한 것이 연쇄 반응을 일으켜 문제를 더 일으키기도 한다. 전 지구적으로 복잡하게 엮인 이 문제들이 압도적으로 느껴질 수 있지만, 우리가 하는 일상적인 작은 실천들이 모이면 큰 변화를 이끌어 낼 수 있다. 한 개인으로서 우리가 기후변화와 생물 다양성 상실이라는 과제 해결에 조금이나마 주도권을 잡고 이바지하게 되길, 이 책이 그 해결책의 출발점이 되길 바란다. 물론 계속해서 나오는 새로운 분석과 변화하는 인간의 요구에 따라 여러 과제의 우선순위는 달라진다. 기술이 발전하면서 더 나은 해결책도 나올 것이다. 최신 정보를 적극적으로 찾아보고, 체득하기 위해 계속 읽고 듣고 이야기하자.

앞으로 어떤 일이 일어날까? 세계 지도자들이 환경 문제에 마침내 눈을 뜨고 있다. 매년 다보스에서 열리는 세계경제포럼 2020년 모임에서 정치인과 기업가 들은 미래에 세계 경제를 위협할 다섯 가지 요인이 모두 기후나 생물 다양성과 관련 있음을 인정했다. 전 지구적인 해결책을 찾는 방향으로 크게 한 걸음 나아간 셈이다. 지도자들이 전 세계적으로 탄소 순배출량 제로를 달성하고 생물 다양성을 보존하는 협정을 갱신하기 위해 유엔 총회나 협약 회의장에서 계속 한

목소리를 내길 바란다.

정치적 해결 단계에서 어떤 일이 벌어지든 우리는 희망을 포기할 수 없으며, 우리 모두 한몫할 수 있다. 우리는 작지만 여럿이고, 지구라는 한 집에서 살아간다. 자연은 놀라운 재생력을 지니고 있으니, 여유를 주어서 그 재생력을 발휘하도록 힘을 모으자.

우리 앞에 놓인 문제를 해결하기 위해 자신의 습관과 행동을 바꾸려면 믿을 만한 정보가 무엇인지 시시각각 파악해야 한다. 빠르게 변하는 세상에서 지금까지 해 오던 습관대로 행동한다면 결과는 어두울 수밖에 없다. 이에 대처하는 최선의 방법은 신뢰할 만한 여러 출처에서 최신 정보를 계속 접하고 실천하는 것이다. 초조해지기 쉬운 이 불안정한 시대에 변화해 가는 상황에 적절히 대응할 수 있도록 분별력을 갖추고 계속 조사하고, 열린 마음으로 앞날을 전망하자. 지도자와 기업, 언론에 계속 묻고 반기를 들자. 진실을 요구하자. 어떤 질문에 올바른 답을 찾았다 싶으면 다른 사람들에게도 이야기하자. 전략적인 소비자가 되고, 계속 소문을 내자. 모두가 올바른 정보를 알고 선택할 수 있도록 다른 사람에게도 정확한 정보를 전달하자. 언제나 최선의 답을 알기란 불가능하지만, 그런 점 때문에 흔들리지 말고 끊임없이 다시 생각하자. 적극적으로 실천하기 어렵다면 최소한 다음 간단한 규칙을 따르자.

- 적게 사용하고, 있는 것을 더 많이 즐기자.
- 여러 공급망을 조사하고, 환경 의식을 갖춘 공급망을 이용하자.
- 탄소 발자국이 가장 적은 선택지를 고르자.
- 버리는 것을 최소화하는 선택, 지역 사회를 지원하고 자연이 회복력을 발휘할 수 있게 하는 선택을 하자.

마지막으로 멈추지 말자. 신경 과학자들에 따르면 우리의 불안은 학습된 무기력에서 나온다. 학습된 무기력은 우리가 변화를 간절히 원함에도 영향력을 발휘하기 힘들 때 악화된다. 즉 자기 행동이 비효율적으로 보일 때, 변화가 빨리 일어나지 않거나 보이지 않는다고 느낄 때 문제가 더 심각해진다. 의기소침해지고 무기력해져 버리면 불안감이 주도권을 쥐며, 행동을 멈추게 된다. 병든 세상을 한꺼번에 해결할 방법을 아는 사람은 아무도 없지만, 함께한다면 큰 변화를 일으킬 수 있다. 우리는 전체를 구성하는 일부다. 현재에 충실하고 지역 사회를 아끼고, 미래를 내다보는 눈을 갖고, 전 지구적 차원에서 사고하자.

참고 자료

이 책에서 참고한 문헌은 다음 QR코드로 들어가서 확인할 수 있다.

 후주

더 알아보면 좋은 자료는 다음 QR코드로 들어가서 확인할 수 있다.

 더 알아보기

감사의 글

이 책은 나와 가까운 사람들, 함께 일하는 사람들, 그리고 오가며 만난 사람들이 전해 준 격려와 열정 덕분에 빛을 보게 되었다. 지구를 진심으로 우려하는 여러 사람들, 또 이 책을 필요로 하는 사람들이 나에게 큰 동력이 되었다.

프로젝트 가장 가까이에서 이 책이 출간되도록 도와준 사람들에게 먼저 감사 인사를 전하고 싶다. 리핑헤어 출판사의 헌신적인 팀원들에게, 특히 참고문헌 자료를 만들어 준 모니카 페도니와 책 전체를 구성해 준 니암 존스, 스테파니 에번스, 톰 키치에게 고맙다.

많은 사람에게 영감을 얻었지만, 특히 녹색 행동의 해(The Year of Green Action)와 지속 가능한 사업 위원회(Council for Sustainable Business)에서 만난 훌륭한 사람들의 헌신적인 녹색 행동과 우리가 이 지구를 지켜갈 수 있으리라는 끝없는 믿음이 나에게 큰 힘을 주었다. 그들을 보며 나는 우리가 정말 변화를 만들 수 있다고 믿게 되었다. 놀라운 한 해를 만들어 준 '녹색 행동의 해'의 작지만 완벽한 핵심 팀 멤버인 헬렌, 트레이시, 폴에게 특별히 고맙다고 말하고 싶다.

즐거움과 웃음, 희망을 주는 친구들, 무엇보다도 가족이 없었다면 지금의 나도 없을 것이다. 웨일스와 도싯의 터너, 폴섬, 워들리 가 구성원들은 최고의 인간성을 몸소 보여 주었으며, 내가 바랄 수 있는 모든 사랑과 지지를 아낌없이 베풀어 주었다. 그리고 누구보다 더 나를 매일 참아 주는 사람들인 나의 멋진 덩크, 아누샤와 포피, 테아와 로티, 그리고 우리 평생의 사랑 알피에게 고맙다는 인사를 전한다.

소소하지만 확실한

오늘의 에코 라이프

1판 1쇄 2022년 5월 9일

글쓴이 테사 워들리
그린이 멜번 에번스
옮긴이 류한원
펴낸이 조재은
편집 김원영 김명옥 구희승
디자인 육수정
마케팅 조희정

펴낸곳 ㈜양철북출판사
등록 2001년 11월 21일
      제25100-2002-380호
주소 서울시 양산로91 리드원센터 1303호
전화 02-335-6407
팩스 0505-335-6408
전자우편 tindrum@tindrum.co.kr
ISBN 978-89-6372-401-0 03300
값 14,000원